U0918187

RESEARCH ON THE EFFECT AND MECHANISM PROTECTION OF SCIENCE AND TECHNOLOGY INNOVATION IN BEIJING-TIANJIN-HEBEI REGION

京津冀科技创新效应与机制保障研究

鲁继通◎著

图书在版编目（CIP）数据

京津冀科技创新效应与机制保障研究/鲁继通著．—北京：经济管理出版社，2016.12
ISBN 978－7－5096－4693－9

Ⅰ.①京…　Ⅱ.①鲁…　Ⅲ.①技术革新—科技政策—研究—华北地区　Ⅳ.①F127.2

中国版本图书馆 CIP 数据核字(2016)第 262453 号

组稿编辑：何　蒂
责任编辑：杨国强　张瑞军
责任印制：司东翔
责任校对：张　青

出版发行：经济管理出版社
（北京市海淀区北蜂窝 8 号中雅大厦 A 座 11 层　100038）
网　　址：www. E－mp. com. cn
电　　话：（010）51915602
印　　刷：北京九州迅驰传媒文化有限公司
经　　销：新华书店
开　　本：720mm×1000mm/16
印　　张：13
字　　数：219 千字
版　　次：2017 年 5 月第 1 版　　2017 年 5 月第 1 次印刷
书　　号：ISBN 978－7－5096－4693－9
定　　价：48.00 元

前　言

世界经济发展的长远动力源自创新。当前，国际经济在深度调整中复苏，新一轮产业革命和科技革命孕育兴起，催生了大量新技术、新产品和新业态，科技创新的组织形态和活动方式随之发生深刻变革。科学技术向学科多点突破纵深演进，科技与经济交叉融合趋势愈加凸显，全球创新版图正在加速重构，科技创新逐渐成为打造国家核心竞争新优势、引领国际经济和社会进步的核心力量。历史经验表明，科技进步造就的新产业和新经济，体制机制变革释放的新活力和新动能，是世界经济摆脱复苏乏力、走出困境、拓展新边界的根本。当今世界，谁牵住科技创新这个“牛鼻子”，谁走好科技创新这步先手棋，谁就能占领先机、赢得优势。

中共十八大以来提出的实施创新驱动发展战略，是要推动以科技创新为核心的全面创新，增强科技进步对经济增长的贡献度，形成新的增长动力源泉，推动经济持续健康发展。我国科技创新已步入“跟踪、并跑和领跑”并存的新阶段，正处于由量的积累向质的飞跃、由点的突破向系统提升的关键时期，创新能力持续提升，高技术不断突破，基础研究显著增强。但与建设科技强国的要求相比，我国科技创新基础还不稳固，创新转换能力较低，创新体系整体效能不高，创新层次存在明显差距，甚至一些领域差距反而有扩大的趋势。随着我国经济进入新常态，增长速度换挡、结构调整阵痛、发展动力转换、刺激政策消化的“多重叠加”现象明显，未来经济发展仍面临不少困难和挑战。这种趋势性变化表明，必须要更加注重科技创新、协同创新和全面创新，让创新成为驱动发展的新引擎和新动力，加快供给侧结构性改革，推进经济结构性调整，充分释放科技创新的效应和潜能，提高经济发展质量和效益。

京津冀地区作为我国参与国际竞争、推进协同创新的核心示范区，是我国科技智力资源最富集、创新能力最强、经济最具活力的区域之一。然而，京津冀地区作为一个整体，与国内外典型经济区相比，其一体化与市场化水平偏低，经济发展不平衡。同时，也面临着区域创新要素无法顺转与共享、创新成果转化率偏低、产业链与创新链衔接不足、协同创新能力不强等难题。京津冀地区作为国家自主创新战略的重要载体，要成为创新驱动经济增长的示范区，引领和支撑全国经济社会发展的新引擎，建设具有较强国际竞争力和影响力的世界级城市群。这些目标的实现取决于能否将区域科技资源富集优势转化成产业的国际竞争优势、最大限度释放科技创新的效应，能否形成区域协同创新格局以及共同打造引领全国、辐射周边的创新发展战略高地。

综观国内外科技创新发展实践和相关研究文献，发现区域科技创新的研究多集中于科技创新效率、科技创新资源配置、科技创新能力、创新集聚与创新扩散、科技创新机制等方面。以往研究对科技创新效应虽有涉及，但多从科技创新某一效应展开，缺乏对区域科技创新综合效应的全面梳理和探讨。为此，本书切入这一命题，拟从京津冀科技创新效应入手，借鉴科技创新的相关理论和最新研究成果，立足我国实施创新驱动战略的时代背景，重点研究京津冀区域科技创新的效应及其机制保障。本书把科技创新效应划分为空间溢出效应、创新协同效应和经济增长效应三个维度，并深入阐述科技创新效应的互动机制、作用机理及逻辑关系，构建了包括微观路径、中观路径、宏观路径在内的区域科技创新效应的分析框架；在梳理科技创新的发展态势、创新能力与创新效率的基础上，综合运用空间计量方法、复合系统协同度模型及时间序列动态模型，重点探讨京津冀科技创新的空间溢出效应、协同效应及经济增长效应的实现效果与制约因素，提出提升京津冀科技创新效应的体制机制及政策框架。

本书共分为九章内容，其中第三、第四、第五、第六、第七、第八章为重点。前两章重点概述了选题背景、目的与意义，阐明研究的思路、内容、方法与创新点，并借鉴科技创新及区域发展的相关理论，梳理和评述国内外对科技创新及京津冀创新发展的相关研究，为下一步研究奠定基础。后面各章重点探讨了科技创新效应的实现机理及研究框架，实证分析了京津冀科技创新的发展态势、配置效率及能力结构，进而对京津冀科技创新的溢出效应、协同效应及增长效应进行研究与测度，并从制度层面探讨了提升京津冀科技创新效应的机制保障。第八章总结了本书研究的主要结论、不足及有待进一步拓展的方向。

本书的主要建树及创新点如下：

（1）模型构建。在剖析科技创新效应的形成机制与内涵特征的基础上，把科技创新效应划分为创新空间溢出效应、创新协同效应、经济增长效应三个维度，深入阐述了科技创新效应的实现机理及逻辑关系，进而从微观、中观和宏观三个层面探讨并构建科技创新效应实现路径的理论模型。

（2）实证分析。重点有三方面：一是分析京津冀科技创新的发展现状及态势，阐述京津冀科技创新的空间特征与演变趋势；二是从科技势能、科技转换能力、科技潜能三个方面探讨京津冀科技创新能力及结构特征；三是运用数据包络法（DEA），分析京津冀科技创新的资源配置效率及演化格局。

（3）理论验证和路径探讨Ⅰ。分析和测度京津冀创新要素集聚与科技创新的空间溢出效应，引入空间集聚度和基尼系数方法，测度京津冀创新要素在企业、高校、科研机构的空间集聚特征；运用 Moran's I 方法，分析京津冀各创新主体创新绩效的空间自相关性及演变趋势；利用空间计量模型，重点探讨京津冀创新要素集聚对各创新主体创新绩效的空间溢出效应及影响因素。

（4）理论验证和路径探讨Ⅱ。分析和测度京津冀区域创新系统的创新协同效应，首先明确了区域协同创新系统的要素结构，从资源保障、知识创造、协同配置、创新效益、创新环境五个层次建立区域协同创新系统的指标评价框架；运用复合系统协调度模型，实证测度了京津冀各子系统的有序度及整体协同度，探讨了京津冀科技创新系统的协同效应及演变规律。

（5）理论验证和路径探讨Ⅲ。分析和测度京津冀科技创新与经济增长的互动效应，从整体层面和区域层面详细阐述了科技投入、技术存量与京津冀经济增长的交互关系；构建 VAR 模型，综合运用 Johansen 协整检验、Granger 因果检验、脉冲响应、方差分解等方法，实证检验了科技投入、技术存量对京津冀经济增长的动态效应及影响机制。

（6）机制保障。重点研究了提升京津冀科技创新效应的体制机制，提出应健全创新要素跨区流动机制、建立科技成果转化与共享机制、完善区域技术经济的关联机制、打造区域协同创新机制、构建多元化科技投融资机制、创新人才培养机制、创新科技管理体制等。

目　录

第一章　绪论

第一节　研究背景、目的与意义

一、研究背景及依据

（一）全球视野——科技创新成为引领国际经济和社会进步的核心力量

纵观世界发展历史，创新始终是一个民族、一个国家发展的主导因素，也是推动人类进步和文明发展的核心力量。进入21世纪，随着新一轮产业革命和科技革命的兴起，新技术、新产业、新业态、新经济层出不穷，科技与经济社会融合发展的趋势加深，科技创新的组织形态和活动方式发生了深刻变革。科技创新已成为促进区域经济发展和加快经济转型升级的主要驱动力，既是形成区域核心竞争力和财富积累的重要源泉，也是摆脱经济复苏乏力和拓展发展新边界的必然选择，正逐渐深刻改变世界发展格局。可以预见，未来数十年依然是世界科技突飞猛进的时期，也是大国崛起、区域空间优化、经济结构调整的重要战略期。

当今国际经济复杂多变，经济发展形势严峻，面临增长动力不足、需求不振、投资低迷、复苏缓慢及经济全球化波折不断等多重风险和挑战，其深层次矛盾和障碍正在凸显，蕴含着较大的不稳定性。面对当前新挑战，应该创新发展理念，挖掘增长新动能，通过科技创新、结构调整、数字经济等新方式，加快世界经济复苏、开拓经济发展新空间。为顺应国际经济科技发展的新趋势、破解创新发展科技难题、继续掌握全球科技竞争先机，发达国家正在孕育取代传统工业化的技术经济体系，形成新的技术经济模式，更加强调突破行业、地域、部门界限，构建能最大限度地整合全国乃至全球资源的“科技创新平台”、“创新战略联盟”等，以维持其科技创新的国际领先地位。它们通过科技创新，建立不同主体间、不同区域间的协同创新机制，形成新的创新集成模式和创新组织网络，有效地提高科技资源整合能力和科技活动组织能力，从而打造最具全球竞争能力的创新型经济体。

（二）国内视域——创新驱动是我国经济转方式调结构促升级的原动力

改革开放以来，我国经济快速增长主要得益于物质消耗、要素投入和低成本的比较优势。进入新时期，这种发展方式难以为继、环境支撑难以持续、资源要素日趋紧张。我国经济发展方式粗放，不平衡、不协调、不可持续问题仍然突出，迫切需要加快创新、增加技术供给、释放新动力和激发新活力，推进经济提质增效和转型升级。从发展趋势看，我国经济长期向好的基本面没有改变，发展前景依然广阔，但也面临诸多矛盾叠加、风险隐患增多的严峻挑战。随着经济进入新常态，“增长速度换挡、结构调整阵痛、发展方式转型、刺激政策消化的多重叠加现象明显，未来经济发展更加扑所迷离”。这种趋势性变化表明，必须夯实科技基础，强化战略性技术支撑，让创新成为驱动发展的新引擎，加快培育经济新动能和推进结构性改革。

我国科技面向2030年的长远战略是要“建成世界科技强国，成为世界主要科学中心和创新高地，就必须着力攻破关键核心技术，拥有一批世界一流的研发机构，能够持续涌现一些重大原创科技成果，抢占事关长远和全局的科技战略制高点”。中共十八大报告指出，“科技创新是提高社会生产力和综合国力的战略支撑，必须摆在国家发展全局的核心位置”。实施创新发展理念，预示着今后一个时期我国经济增长更加注重科技进步、协同创新和全面创新，让创新成为经济发展的新动力。当前我国面临经济下行压力加大、内生增长动力不足、部分行业产能过剩、资源环境约束趋紧等问题。面对新问题，需要新思路化解，未来应按照创新、协调、绿色、开放、共享的发展理念，坚持创新驱动、智能转型、协同发展的战略，加快我国经济转方式调结构促升级，才能破解我国人口、资源、环境、发展的难题和瓶颈制约，推进我国区域经济协调发展、实现国家科技和经济战略的目标。

（三）京津冀视角——协同创新是实现京津冀协同发展的主引擎

京津冀地区作为我国参与国际竞争、推进协同创新的核心示范区，是我国科技智力资源最富集、产业基础最雄厚的区域之一，是我国北方最大的“海洋经济”和“大陆经济”的连接枢纽，也是中国三大经济区区域增长极中极具战略地位的一极。由于其独特的区位优势和重要的战略地位，肩负着实现国家自主创新战略、区域协同发展与率先实现现代化的重任。《京津冀协同发展规划纲要》明确了京津冀区域发展的战略目标之一是建设成为全国创新驱动经济增长的新引擎，对全国经济社会发展起到引领和支撑作用。当前，京津冀地区正处于加快产业升级、结构优化、向创新驱动转型的关键时期，其中，北京已迈入创新驱动阶段，天津正步入创新驱动阶段，河北仍处于要素投入驱动阶段，客观上形成了经济、社会、科技发展的三级区域梯度。随着京津冀协同发展上升为国家重大战略后，京津冀地区迎来新的战略机遇，迈入新的大发展时期。京津冀区域作为一个巨型“集合体”，其未来是通过创新驱动，打造中国经济发展新的支撑带，形成区域互利共赢的协同发展新格局。然而，同国内外其他典型经济区相比，京津冀地区市场化程度偏低、产业水平不高及综合实力不强，区域协同创新能力较弱，也面临经济发展不平衡、交通拥堵、生态恶化、资源短缺等诸多难题。京津冀协同发展战略是我国在新阶段与“一带一路”和“长江经济带”同期推出的三大国家战略之一。协同发展是区域发展的高级阶段，也是优化我国经济空间格局的必然要求，最终需要以创新促转型、以转型促升级实现。通过科技创新、协同创新与万众创新，促进不同创新主体间的交流协作，推进要素重组、结构优化与科技资源整合，构建京津冀完整新型的创新网络，也是落实创新发展理念、优化区域空间结构、推进京津冀协同发展的现实选择。

基于上述三大宏观背景，本书立足于创新发展理念，拟从京津冀科技创新和创新效应的关系为研究对象，综合运用科技创新的相关理论和方法，剖析区域科技创新效应的作用机理及逻辑关系，构建包括微观路径、中观路径、宏观路径在内的区域科技创新效应的理论分析框架，阐述京津冀科技创新的发展态势、创新效率与创新能力，重点分析京津冀科技创新的空间溢出效应、创新协同效应、经济增长效应等，提出提升京津冀科技创新效应的体制机制及制度框架。从这一重点、热点问题研究，无疑具有重要的理论价值和现实意义。

二、研究目的及意义

（一）理论意义

国内外理论界对科技创新这一主题的研究较为广泛，研究多集中于科技创新机理及创新系统、创新效率及创新能力、创新资源配置及空间分布、科技创新的空间外溢及与经济增长的关系等，对科技创新的理论丰富及实践发展起到了极大的促进作用。但对区域科技效应的全面研究仍旧较少，大多集中于某一方面的理论探讨和机理分析，定量研究方法千差万别，对科技创新效应的作用机理、实现路径也缺乏系统的研究。因此，本书正好切入这一命题，全面探讨京津冀科技创新的效应和有效机制，这对丰富科技创新理论具有重要的意义。具体而言：

第一，本书以知识经济理论、技术创新理论、技术溢出理论、协同学理论、三螺旋理论等作为理论支撑，借鉴国内外区域科技创新的主要文献和典型路径，阐述科技创新效应的影响因素与形成机制，以完善和丰富区域创新理论与区域发展理论。

第二，本书以创新发展理念为背景，从创新空间溢出效应、创新协同效应、经济增长效应三个方面总结科技创新效应的内涵特征，并深入阐述科技创新效应的作用机理及逻辑关系，揭示了区域各创新效应之间的互动机理，可以为区域科技创新提供理论支撑和政策引导。

第三，本书从微观路径、中观路径、宏观路径等方面提出区域科技创新的分析框架，探讨区域科技创新效应的运行机制和实现路径，并有针对性地选取科技创新效应的理论模型与检验方法，拓宽了理论研究的视野。

第四，本书从时间和空间两个维度，分别借助不同的数理方法，系统分析京津冀的科技创新资源的发展态势与创新能力、创新要素集聚与科技创新的空间外溢效应、科技创新系统的协同效应、科技创新与经济增长的互动效应，找准制约京津冀科技创新效应发展的关键因素和短板，为提升京津冀科技创新效应提供理论依据和实证支持。

第五，通过对研究结论的分析和总结，寻找提升京津冀科技创新效应的切入点和突破口，以其为促进科技创新提供理论依据和政策参考。

（二）实践意义

京津冀地区作为国家自主创新战略的重要载体，是打造中国创新中枢、建设具有国际影响力、引领和支撑全国经济社会发展的主阵地之一。这一切的实现取决于能否将区域科技资源富集优势转化成产业的国际竞争优势，能否整合区域优势科技资源、发挥科技创新的综合效应。京津冀科技创新效应的充分释放是京津冀科技创新的核心命题，也是推动京津冀协同发展的重要内容和重点切入领域。

1. 提升京津冀科技创新效应，有利于推动自主创新的国家战略

中国建设创新型国家的目标，取决于在实施创新驱动中，全国各地需要依据自身的资源禀赋确定自身个性化的创新战略。京津冀应立足国家创新目标的实现，制定区域整体及各地的科技创新目标。当前，我国经济已进入新常态，由于体制、政策、机制等方面的制约，自主创新能力仍旧较弱，科技创新仍面临诸多障碍和问题，与经济社会发展的要求仍有差距。为此，必须准确把握世界科技革命和产业革命格局调整的机遇，抢占新一轮科技竞争的制高点，实施创新驱动战略，坚定立足自主创新，推进国家创新能力不断提升。

京津冀三地区各具优势，北京拥有全国完备的科技力量和创新体系；天津拥有高水平的现代制造业和较强的技术研发转化能力；河北拥有良好的科技成果转化基地和产业结构升级的空间。未来必须增强三地各创新主体的联动与协作，深化分工，提高科技创新效应和创新驱动发展的能级。通过科技创新，促进三地创新主体的深度合作和有机互动，提高自主创新和协同创新能力，从而产生巨大的创新效益，加快成为辐射环渤海、引领中国未来经济和科技创新中心的建立，推动创新型国家战略目标的实现。

2. 提升京津冀科技创新效应，有利于促进产业升级与经济结构调整

经过多年的发展和博弈，京津冀三地已形成优势互补、分工合理、协作有序的产业发展格局。北京已经迈向创新驱动的发展阶段，产业发展呈现向“现代化、科技化、高端化、服务化”的趋势演变；天津正步入创新驱动的发展阶段，现代制造业、高技术产业与重化工业集聚效应显现，产业发展呈现“技术集约化、深加工化、高精尖化”的特征；河北处于要素驱动向创新驱动转换阶段，钢铁、水泥、煤炭、石化等传统产业升级转型加快，装备制造、科技产业、现代服务业不断壮大，但资本密集型、初级加工型产业仍占主导地位。

总体来看，京津冀客观上形成了产业、科技发展的三级区域梯度，且产业差距有扩大之势。一方面，由于河北的产业发展仍在低层次和低水平徘徊，使得京津地区一些衰退产业难以疏解到周围，科学技术难以辐射到外围；另一方面，三地科技经济的不平衡也严重影响了京津冀区域协同发展与空间优化发展的实现。健全京津冀区域创新服务体系，提高技术创新效率，加快技术扩散和协同创新，提升各自产业升级和经济转型，是当前必须面对和解决的问题。本书正是契合这一论题，破解科技创新效应发挥的路径，促进三地产业升级与经济结构调整。

3. 提升京津冀科技创新效应，有利于解决制约京津冀协同发展的障碍

目前，京津冀区域的协同发展已取得一定进展，但由于受到行政区划的制约，尚未达到预期效果，仍处于低水平发展阶段，科技协同水平和区域一体化程度不高，科技协同创新的体制机制尚不健全。与长三角、珠三角的科技协同水平与发展层次相比，京津冀仍存在较大的差距。

京津冀各地区之间尚未形成合理的科技协同发展和产业分工体系，未形成有效的科技合作模式和产业价值链条；科技发展和产业规划仍然限制在行政区范围内，缺乏区域层面的统筹协调；地区封锁和市场分割现象严重，区域间人才、资金、技术等要素难以自由流动，导致区域科技协同推进和整体发展相对缓慢。一方面，京津难以对河北形成有效的辐射带动作用；另一方面，由于河北与京津差距扩大引发经济断裂，从而不能对京津地区加快方式转变提供外围支撑。本书将对制约京津冀科技协同创新效应发挥的深层次矛盾和关键因素展开系统研究，寻找扫清问题与障碍的合适路径。

4. 提升京津冀科技创新效应，有利于培育新增长极和引领环渤海地区发展

我国经济正在逐步实现双重转型，向结构更合理、分工更复杂、形态更高级的阶段演化，逐渐形成创新驱动、结构调整、消费拉动的新模式，未来经济有望实现可持续和高质量的增长。

这一宏观背景下，科技创新正在成为区域合作与协同发展最重要、最活跃的领域，成为培育新增长极和促进区域经济优化发展的主导力量。京津冀三地比较优势明显、功能定位互补，科技与产业都在不同的梯度，科技合作与经济融合发展愿望强烈，这为科技创新提供了天然的条件。通过科技创新及科技与产业的结合将释放巨大创新效应和生产威力，可以促进区域产业结构调整与经济转型，培育新的增长极，打造京津冀协同发展的“升级版”。以京津为“双核”的京津冀

地区处于环渤海区域的核心地带，极具增长潜力和辐射带动能力，在区域协同发展的推动下，有利于优化生产力布局和空间结构，全面对接“一带一路”等重大国家战略，增强对环渤海地区和北方腹地的辐射带动能力。

5. 提升京津冀科技创新效应，有利于北京建设世界城市目标的实现

京津冀地区整体处于工业化中期阶段，其中北京已经进入工业化后期阶段，已从以前的“权力经济”特征逐渐向“创新经济”特征转变。但由于京津冀地区人口过快集聚、主体利益存在冲突、行政区划分割等原因，导致该地区大城市病问题凸显、市场机制发挥不充分、功能布局不合理，最终制约京津冀协同发展的步伐。随着北京建设世界城市目标的确立，疏解北京非首都功能、推动京津冀协同发展显得尤为重要。北京世界城市目标的实现，不仅要解决自身长期积累的深层次矛盾和问题，更需要周边广阔的腹地支持和周边地区协同发展的支撑。然而目前京津冀地区协同发展水平不强严重制约了北京建设世界城市的目标要求。为此，需要大力促进创新驱动发展，发挥北京科技创新对该地区的核心引领作用，加快区域科技合作和健全区域创新体系，最大限度地发挥科技创新的整体效应，推进经济结构调整和优化区域空间格局，进而促进京津冀一体化发展。总之，加快京津冀科技创新、提升科技创新效应的发挥，既是实现区域协同发展的战略选择，更是打造北京世界城市的必然要求和根本动力。

（三）研究目标

本书在研究京津冀科技创新效应和机制时，不仅从理论与实证两个方面分析与探讨，而且在现有相关理论和经验研究的基础上试图进行了扩展研究。本书研究目标如下。

1. 理论方面

（1）梳理国内外相关研究成果，剖析科技创新效应的影响因素和形成机制，并对科技创新效应的维度进行划分，阐述各科技创新效应之间的互动影响机制，揭示科技创新效应的作用机理与逻辑关系，从微观、中观、宏观三个层面构建科技创新效应的形成机理与理论分析框架。

（2）基于科技创新理论、技术转移理论、协同创新理论、新经济增长理论，有针对性地构建空间面板数据、复合系统协同度、时间动态序列的相关理论模型和检验方法，分别分析各科技创新效应的内在关系及影响因素，检验科技创新的

溢出效应、协同效应和经济增长效应的实现效果，为促进京津冀科技创新效应的实现提供理论依据与路径依赖。

2. 实证方面

拟选取京津冀三地及各地级市的相关年份科技创新数据资料，综合运用多种计量方法分别对京津冀科技创新的效应进行实证研究，试图破解影响科技效应发挥的因素及障碍。拟解决以下实际问题：

（1）探讨京津冀科技资源发展态势及空间格局演变趋势，借助 DEA 模型，检验京津冀科技创新的资源配置效率，并运用主成分分析法探讨京津冀科技创新能力及空间结构特征。

（2）探讨京津冀创新要素的空间集聚程度，通过空间自相关分析剖析京津冀科技创新要素的空间集聚状态及演变趋势，并运用空间面板数据模型，分别检验京津冀各创新主体创新绩效的空间扩散效应及相关影响因素。

（3）总结区域创新系统的结构特征和影响要素，构建区域协同创新系统的指标评价体系，运用复合系统协同度模型，实证检验京津冀各子系统的有序度及整体协同度，揭示京津冀科技创新的协同效应及制约因素。

（4）从整体层面和区域层面探讨京津冀科技创新、技术存量与经济增长的交互关系，运用 VAR 模型，实证分析科技创新、技术存量与经济增长的动态关系，并探讨三者之间的内在关系。

（5）基于前文的实证检验及存在的问题，提出京津冀科技创新效应的机制保障及政策导向。

第二节 基本概念与范围界定

一、基本概念

（一）创新、技术创新

1912 年，美籍奥地利经济学家约瑟夫·熊彼特（J. Schumpeter）在其出版的

《经济发展理论》书中首次提出创新（Innovation）的概念。熊彼特指出，“创新就是执行新的组合，即把人们所能支配的生产要素和生产条件用新的方法组合起来，建立一种全新的生产函数”。这种组合包括“引进新产品或改良原有产品、使用新的生产方法、开辟新的市场、采用新的原料或半成品、创建新的产业组织等五种情况”。创新的本质是引进新事物或提出新思想，突破旧思维、打破旧戒律，它追求的是新奇、最佳、独特的行为，通过要素新组合，释放更大的发展潜能，促进科技经济发展、人类社会全面进步。创新的对象和行为涵盖多方面，创新的模式和手段也千差万别，但终究都可纳入到观念创新、技术创新、知识创新和制度创新的完整体系中。

技术创新，即生产技术的创新，包括开发新技术或将原有技术应用于创新。科学乃技术之基，技术创新与科学发展存在密切的联系，两者之间相互促进、相互影响。美国著名经济学家弗里德曼（C. Freeman）认为，“经济学意义的技术创新就是技术向市场化的转化，包括新过程、新产品、新装备和新系统等创新活动”。苏塞克斯大学的科学政策研究所（SPRU）把技术创新分为“渐进性创新、根本性创新、技术系统的变革、技术—经济范式的变更”四个方面。美国科学基金会（National Science Foundation of U. S. A.）于1969年出版《成功的工业创新》一书，在该书中提到，创新是技术变革的集合，技术创新从新观念、新思路开始，通过不断克服各种难题，促使一个有价值的新项目、新方法成功应用于经济社会实践中，它是一个复杂系统的创新活动。1976年发布的研究报告《1976年：科学指示器》中，对技术创新进行了更全面的界定，认为“技术创新是把新产品、新方式或新服务有效引入市场的活动”。经合组织（OECD）认为，“技术创新源于研究开发，通过系统有创造性的研究与试验工作，产生新知识并利用这一新知识进行发明”，其目的在于丰富有关人类、经济和社会的知识库和创新力。柳御林（1993）将技术创新定义为：采用新工艺、新设备制造或改进新产品，并将技术研发和技术应用首次应用于商业的活动。基于技术创新的功能和本质特性，中共中央、国务院在《关于加强技术创新、发展高科技、实现产业化的决定》中，对技术创新界定为：“运用新技术、新知识和新工艺，采用新生产方式和经营模式，开发或生产新产品，提高产品质量和服务，从而占据市场并实现市场价值的过程”。之后，技术创新的概念更加丰富，研究趋于深化。朱跃钊等（2015）认为，“技术创新是一种以知识创新为基础，以制度创新为背景，以新产品、新技术、新模式等为对象的发明和创造活动，通过技术、人才、服务等资源集聚，实现产品升级换代和产业优化调整，最终提高地区的科技实力和产业竞争力。”

（二）科技创新、协同创新

科技创新是科学创新和技术创新的总称，大致可分为知识方面的创新、技术方面的创新、管理方面的创新三种类型。目前，对科技创新概念的研究比较广泛，人们给科技创新的定义多从各自需要的角度出发，涉及政府、专家学者、研究机构、企业、社会等层面。概括起来，对科技创新的理解存在两种观点：一种认为科技创新与技术创新本质是一致的，科技创新等同于技术创新；另一种认为科技创新与技术创新既有联系又有区别。有些人把科技创新和技术创新“混为一谈”，其实两者之间存在一定的差异性。陈昌曙（1982）认为，科学和技术是“两类价值”、“两种范畴”、“两层管理”、“两个革命”，科技创新和技术创新本质就是“两路创新”。周寄中（2002）指出，科学创新体现在基础研究和应用研究的创新，技术创新涉及技术研究、试验开发和技术转化及应用的创新，科技创新是两者的综合。刘诗白（2010）认为，“科技创新是知识创新、生产技术条件创新、劳动技能创新、组织管理创新”。从创新层次看，科技创新可从宏观、中观和微观三个角度分为国家科技创新、区域科技创新和企业科技创新三个层次。国家科技创新主要体现在战略取向、政策方针、路径选择等方面；区域科技创新主要体现在科技协作、创新系统、科技体制等；企业科技创新更多体现在具体的技术创新、产品生产及技术应用等创新行为。从创新内涵看，科技创新有狭义和广义之分，狭义的科技创新是技术创新；广义的科技创新，不仅包括技术创新，也包括制度创新、机制创新、管理创新等。从创新主体看，技术创新的主体主要是企业、研发机构等，而科技创新的主体则比较多元化，不仅包括企业、科研机构、高校等直接主体，也包括政府、中介组织、社会团体等间接主体。从本质看，技术创新是科技创新的最核心环节，但其内涵范围远小于科技创新的范畴框架。本书对科技创新研究主要从区域层面、广义范畴界定，强调科技创新是科学原创、技术创新、技术转化及管理创新的总称。

创新是一个由知识研发、技术产生、技术应用与转移的活动，通过不同创新主体、不同要素资源之间的融合与协作，最终作用于技术经济上实现价值创造与价值转化的复杂动态工程。当然，高效完整的创新应该根植于不同创新主体的互为协作、互为影响的基础上，通过创新要素组合和结构调整，产生更大创新潜能，实现创新效应最大化。为此，高效的创新应该是一个系统的协同创新，若引入系统论分析创新，就会产生协同创新理论。首次提出协同创新概念的是美国麻省理工学院斯隆中心彼得·葛洛（Peter Gloor）研究员，他指出，协同创新是指具有共同愿景的人员借助网络等现代通信工具进行沟通、交流，采取合作的方式实现一致的创新目标。随后，学者们从不同层次阐述了协同创新。Abend（1998）认为，“协同创新管理涉及创新理念、创新过程、创新主体及创新组织等”，企业等不同组织是协同创新的主体，是实现生产效率提高的主要载体。Huber（1998）认为，协同创新的主要功能是使创新的开发、扩散和应用顺利进行，单个的研发、扩散和应用可称作创新系统的亚功能。Jadesadalug 和 Ussaha-wanitchakit（2008）探讨了组织、市场和技术三要素协同对创新的积极作用。概况起来，协同创新具有如下基本特征：具有特定的边界和空间范围；创新主体包括不同层次的人员、企业、研究机构等组织单位；创新客体是不同的创新要素；创新目标在于提高企业生产效率和劳动者素质，增强企业的创新能力和国际竞争力；实现协同创新的手段有市场营销、组织学习与创新互动、社会网络及组织、市场和技术间的协同等。当然，协同创新也不仅仅局限在企业，还可以拓展到大学、研究机构、政府机关等领域或不同领域、不同环节之间的创新协同，如图1－1所示。

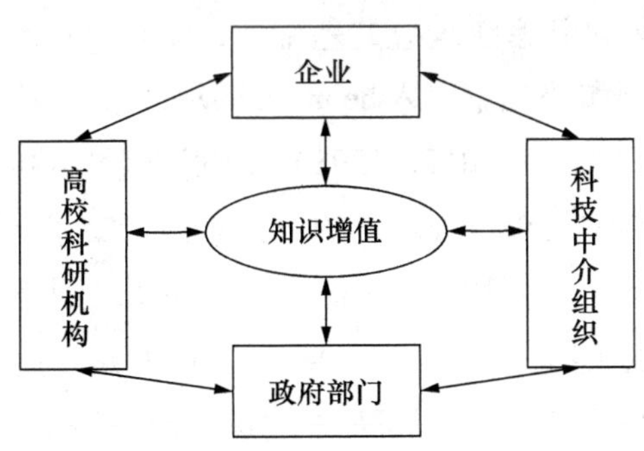

图1－1　协同创新运行的组织模式

将协同创新立足于区域层次上，便产生区域协同创新的理念。陈劲（2012）认为，区域协同创新是指一定区域内的企业、科研院所、政府部门及社会组织等创新主体通过互动合作、协作交流，开展大跨度的资源整合、技术研发转化的创新组织模式，实现区域重大科技创新、增强区域技术创新协同效应及提升区域科技创新能力。区域协同创新具有整体性、有序性、动态性、复杂性等基本特征，由于各区域的差异性，其协同创新的类型和方式也存在差异。

（三）区域创新系统、科技创新效应

英国卡迪夫大学库克（Cooke）教授在观察欧洲经济发展后，发现一些国家产业经济呈现明显的区域性、群集性、区域根植性和区域网络性，从而提出区域创新系统（Regional Innovation System，RIS）的概念。关于区域创新系统的概念，库克（1997）在《区域创新系统：全球化背景下区域政府管理的作用》一书中有较为详尽的描述，他认为，“区域创新系统是一种区域组织体系，由在空间上相互关联、相互分工的生产企业、研发机构和政府组织等创新主体构成，通过系统内部的创新要素、创新资源的互为协作、互为影响而产生集成创新，并形成一种区域创新氛围”。Rogers（1995）、Maursenth 和 Jaffe（1998）、Singhal（1999）、Kavita Mehra（2001）等强调区域创新系统是围绕技术发展和应用而组织起来的技术扩散系统。Asheim（1997）、Tim Padmore 和 Williams（1998）认为，“区域创新系统是由一些围绕处于创新主导地位的企业及创新能力较强的产业集群而形成的创新服务体系，其主要目的在于培育和壮大区域创新产业及特色产业集群。”国外学者和机构在区域创新系统理念的基础上，倾向于对特定区域对象的创新过程进行研究，如阿施姆和邓福德（Asheim and Dunford，1997）、马斯特里赫特大学创新与技术经济研究所（MERIT，1998）对欧洲区域的创新战略和创新前景进行系统的研究；萨克森宁（Saxsonian，1994）重点考察了美国硅谷和 128 公路地区的创新网络和创新能力；考里根（Carlsson，1992）则分析了莱茵—阿尔卑斯地区的创新环境及创新潜力。对区域创新系统的研究，我国相对滞后。黄鲁成（2000）、罗守贵（2000）对区域创新系统的定义为：“指在一定的区域内，各种与创新相关联的主体要素、非主体要素及协调各要素之间关系的组织网络与政策制度。”其中，主体要素包括创新组织与创新机构，非主体要素包括创新所需的环境与物质条件（见图 1-2）。张敦富（2000）认为，“区域创新系统由资源要

素、创新主体、社会组织、管理系统四个互为联系、互为作用的主要部分构成。”顾新（2001）认为，区域创新系统是基于特定的地理空间或经济区域内，通过引入创新要素或要素的新组合根植于创新系统，产生出一种新的最优的资源配置方式，形成系统新的功能和效应。刘曙光（2002）和胡宝民（2005）等认为，区域创新系统是一个有序的经济社会系统，具有创新性、开放性、关联性、复杂性等特点。

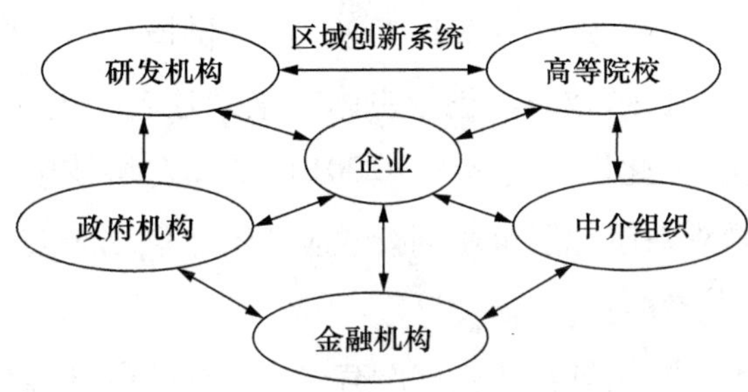

图 1-2 区域创新系统构成要素

科技创新效应是一个相对宽泛的概念，是科技创新对自身、接受者或经济社会的影响。对科技创新效应的研究，归纳起来大致有如下几种观点：

（1）按创新的正负效应划分。宋之杰和高敬忠（2006）从技术创新的连带角度出发，把科技创新效应分为攀比效应（正效应）和虚荣效应（负效应）。杨武和王玲（2005）依据技术溢出对企业的影响，把科技创新效应分为正效应和负效应。其中，正效应即技术创新的溢出可降低企业成本，提高企业技术水平，增加创新产品产出和社会财富；负效应即技术溢出可使企业边际收益下降，削弱企业创新的主动性，进而导致创新产品减少，影响社会整体福利的提升。张鹏（2006）、詹颂生（2010）认为，科技创新会对人、社会、自然产生较大的影响，科技创新对经济社会领域的渗透，会极大地促进技术进步和提高社会生产力，从而产生积极效应（正效应）。同时，科技创新也会对人类自身及生态环境产生一些消极影响（负效应）。

（2）按创新的内外部效应划分。罗默和阿罗等（1991）认为，创新国家或创新组织通过技术垄断优势和内部化优势严控尖端技术的扩散，从而产生技术锁定效应（内部效应）；创新国家通过对外直接投资的方式，可以实现技术向东道国的溢出，产生技术的外部经济效应（外部效应）。刘成刚（2011）认为，科技创新的内部效应主要包括科技创新的示范效应、科技创新的竞争效应及技术的溢出效应；外部效应主要包括到技术进步、产业升级，经济增长等效应。

（3）按创新效应的发挥机理划分。Cooke（1998）认为，科技创新效应可分为要素集聚效应、产业关联效应、创新主体协同效应、创新组织网络效应。潘德均（2001）从创新主体系统角度，把创新效应分为知识研发效应、技术创新效应、创新溢出效应。杨武（2005）把科技创新效应划分为溢出效应、示范效应、乘数效应、加速效应等。谷建全（2014）认为，“科技创新效应包括自主创新的引擎效应、模仿创新的扩张效应、创新主体的集聚效应、创新技术的扩散效应、创新系统的集成效应。”此外，史清琪（2001）认为，科技创新效应有微观效应和宏观效应组成，微观效应包括企业创新效应、产业创新效应，宏观效应包括区域创新效应和国家创新效应。

综观国内外文献，科技创新效应并没有一个统一明确的概念，本书认为科技创新效应的实现是一个动态复杂的过程，是由科技创新对自身或接受者直接或间接产生的各种创新效应的综合集成，包括科技创新在研发、管理、市场、应用等环节的影响和作用，是科技创新能力与效率、科技创新集聚与扩散、科技协同创新及对经济影响的集中体现。科技创新是创新效应产生的动力和手段，创新效应是科技创新运行的结果和目标。

二、范围界定

区域是地理空间上的某一地区或范围，是依据一定标准在地球表面划出的、连续的、有共同特征的空间单元，按照不同功能、不同标准，可以划出不同的区域。自从20世纪80年代京津冀的概念提出后，京津冀区域发展受到政府部门、学术界的高度关注，国家发改委、专家学者对京津冀空间范围界定提出不同的划分标准，依次经历“2+7”到“2+8”、“2+11”的空间模式。学者们在不同时期根据研究的需要，按照不同的空间层次对其进行探讨。随着《京津冀协同发展规划纲要》正式出台后，理论界和实践部门对京津冀空间范围划分逐渐达成共识。基于研究的目的，本书将京津冀空间范围界定为北京、天津两个直辖市及河北省的全域。

第三节　研究内容与结构安排

一、研究内容

本书在创新驱动战略背景下，系统梳理国内外科技创新的相关文献，借鉴区域技术创新的典型理论，深入剖析区域科技创新效应的内涵特征及作用机理，阐述京津冀科技创新的发展态势与空间结构，有针对性地选择相关研究方法和计量模型，实证分析京津冀科技创新的空间溢出效应、协同效应及增长效应等，提出京津冀科技创新效应的有效机制。本书主要分为九章，其中第三、第四、第五、第六、第七、第八章为重点。

第一章绪论。概述选题的背景、目的与意义，界定研究范围，阐明研究的思路、内容、方法与创新点。

第二章理论基础与文献综述。借鉴科技创新及区域发展的相关理论，梳理和评述国内外对科技创新及京津冀创新发展的相关研究，为下一步研究奠定基础。

第三章科技创新效应的实现机理及研究框架。剖析科技创新效应的形成条件与内涵特征，并把科技创新效应划分为创新空间溢出效应、创新协同效应、经济增长效应三个维度，深入阐述科技创新效应的互动机制、作用机理及逻辑关系，从微观路径、中观路径和宏观路径三个层面构建科技创新效应的理论分析框架。

第四章京津冀科技创新的发展现状：态势、能力与效率。阐述京津冀科技创新的发展态势与演变趋势；从科技势能、科技转换能力、科技潜能三个方面探讨京津冀科技创新能力及结构特征；运用数据包络法（DEA），分析京津冀科技创新的资源配置效率及演化格局。

第五章微观维度：京津冀创新要素集聚与科技创新的空间溢出效应。引入空间集聚度和空间基尼系数等方法，测算京津冀企业、高校、科研机构创新要素的空间分布及集聚度；运用 Moran's I 方法，分析京津冀各创新主体创新绩效的空间自相关性、集聚特征及演变趋势；利用空间计量模型，重点探讨了京津冀创新要素集聚对各创新主体创新绩效的空间溢出效应及影响因素。

第六章中观维度：京津冀区域创新系统的创新协同效应。阐述区域协同创新系统的要素结构，从资源保障、知识创造、协同配置、创新绩效、创新环境五个层次建立区域协同创新系统的指标评价框架；运用复合系统协调度模型，实证测度京津冀各子系统的有序度及整体协同度，探讨京津冀科技创新系统的协同效应及演变规律。

第七章宏观维度：京津冀区域科技创新与经济增长的互动效应。从整体层面和区域层面详细阐述科技投入、技术存量与京津冀经济增长的交互关系；运用 VAR 模型，实证检验科技投入、技术存量对京津冀经济增长的动态效应及影响机制。

第八章京津冀科技创新效应的机制保障。基于前文的分析，提出提升京津冀科技创新效应的体制机制，应健全创新要素跨区流动机制、建立科技成果转化与共享机制、完善区域技术经济的关联机制、打造区域协同创新机制、构建多元化科技投融资机制、创新人才培养机制、创新科技管理体制等。

第九章总结与展望。依据上述的结论与问题，总结本书研究的主要结论、不足及有待进一步拓展的方向。

二、结构安排

本书的研究思路及总体框架如图 1－3 所示：

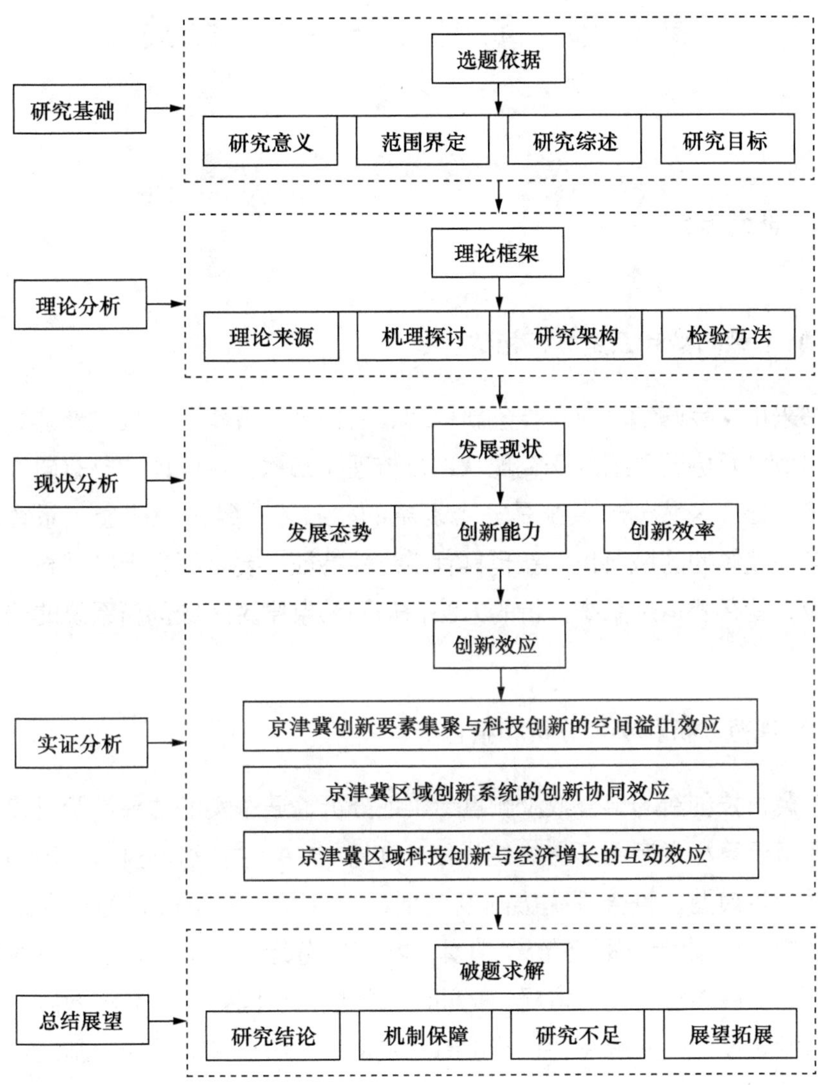

图 1－3　研究思路与总体框架

第四节　研究方法与技术路线

一、研究方法

（一）文献归纳和系统分析相结合

本书采用文献归纳法对科技创新机理、科技创新效率、科技创新能力、科技创新溢出效应及协同创新的研究现状进行梳理和归纳，在此评述已有研究的贡献及其不足之处。区域创新系统是一个复杂的“技术—经济—社会”系统，这决定了以其为载体的区域科技创新也具有系统性特征。要全面分析区域科技创新的综合效应，就必须运用系统分析的方法，从而为京津冀区域创新系统的研究奠定基础。

（二）规范分析和实证分析相结合

京津冀科技创新的综合效应侧重于实证分析，通过实证结果检验已建立的理论，第四章至第八章运用了传统统计法、DEA 方法、主成分分析、Moran's I 指数、空间计量模型、复合系统协同度模型、VAR 法等分析法，为提升京津冀科技创新效应的机制设计做好铺垫。在体制机制部分运用规范分析法，针对京津冀科技创新的发展态势与能力格局、空间溢出效应、协同效应、经济效应制约因素与深层根源，设计出破解制约科技创新效应发挥的壁垒和障碍的体制机制。

（三）定性分析与定量分析相结合

本书最终目的是检验京津冀科技创新的综合效应及影响因素，因此，需要以理论探讨和实证分析作为支撑。本书第二、第三章侧重对科技创新的文献梳理、理论来源、机理探讨、理论框架、检验方法等做定性分析，通过对大量的文献和理论进行描述和总结，寻找科技创新效应发挥的作用机制和演变趋势。同时，第四章至第八章采用多种统计方法和计量模型，分析和检验京津冀科技创新效应的特征及影响因素，力求为提升京津冀科技创新效应提供实证数据。

（四）动态分析与静态分析相结合

区域创新系统本身是一个动态发展的过程，因此，无论理论分析还是实证分析，都需要在动态过程中进行考察和验证。本书建立的科技创新效应的检验数据多是时间动态序列，重点分析京津冀科技创新效应的动态趋势和波动状况。同时，又对其若干静态的试点截面加以研究，分析在特定时期内三地之间科技创新的差异性及相互关系，力求寻找缩小三地科技创新水平的破解路径。

二、技术路线

本书研究的主线及技术路线图如图 1 –4 所示：

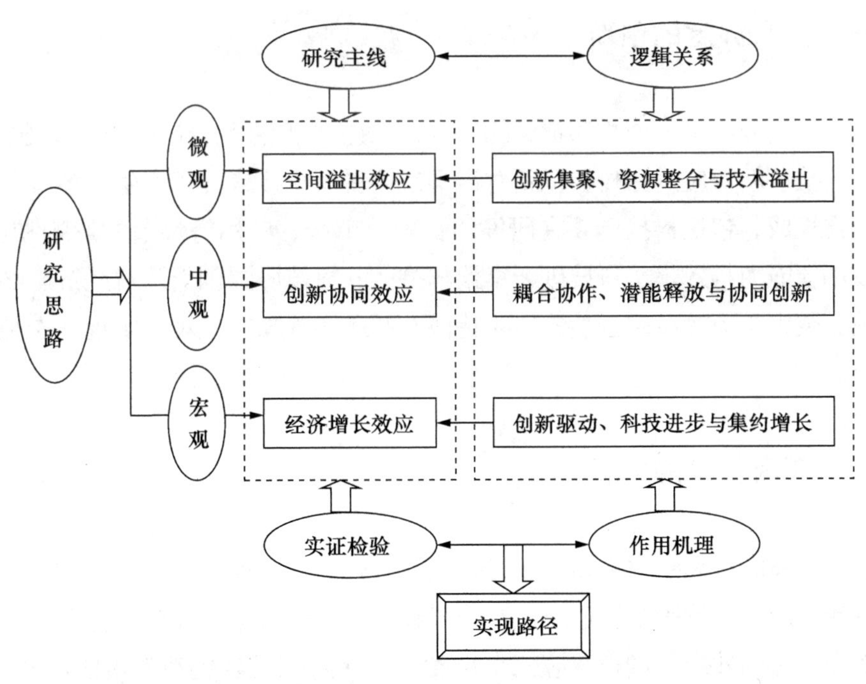

图 1 –4　技术路线图

第五节　本书可能的创新点

学者们对科技创新及科技创新作用经济增长的领域研究由来已久，在理论方面和实证方面已经积累了丰富的研究成果，对科技创新理论和实践发展起到了较大的推动作用。科技创新的效果最终要体现在创新效应的实现上，以往关于科技创新效应的研究多是针对某一效应的机理探讨，实证检验方法也千差万别，缺乏对科技创新综合效应的理论探讨和实证研究。另外，对科技创新效应的形成机理也存在争议，指标体系设计与数理模型选择过于主观，忽略不同区域发展的差异性。本书基于这一方面研究的不足和空白，系统深入探讨了京津冀科技创新的综合效应和实现机制，创新点概括如下。

一、定义界定的创新

科技创新效应是一个相对宽泛的范畴，以往文献并没有统一明确的概念。本书认为科技创新效应是由科技创新对自身或接受者直接或间接产生的各种创新效应的综合集成，包括科技创新在研发、管理、市场、应用等环节的影响和作用，是科技创新能力与效率、科技创新集聚与扩散、科技协同创新及对经济影响的集中体现。突出创新效应综合性的行为特征，并最终落脚在微观、中观、宏观三个层次上。

二、研究视角的创新

以京津冀区域为研究视角，以科技创新效应为切入点和突破口，在深入剖析科技创新效应的影响因素及形成机制的基础上，把科技创新综合效应划分为空间溢出效应、协同效应、增长效应三个维度，并深入阐述各创新效应的内涵特征、作用机理及逻辑关系，构建了包括“微观路径—中观路径—宏观路径”在内的科技创新效应的总体分析框架。沿着这三条路径对京津冀科技创新效应进行系统考察与实证检验，重点探讨制约京津冀科技创新效应发挥的问题与障碍。本书提出了一个全新的创新效应研究的逻辑框架和分析思路，填补了现有研究的不足。

三、方法选取的创新

由于科技创新不同效应的形成机理及影响因素存在差异性，为此，本书从空间和时间两个维度着手，针对不同创新效应分别构建了不同的指标变量与计量模型，确保研究的有效性和准确性。同时，运用 Arcgis 软件，构建多变量空间计量模型，分析京津冀创新要素的空间集聚及创新绩效的空间相关性，探讨京津冀科技创新的空间溢出效应及影响因素；从五个方面构建区域协同创新的指标评价体系，借鉴管理学的复合系统协同度模型，实证检验京津冀各子系统的有序度及整体协同效应，寻找影响创新协同失灵的根源；借助传统统计方法，阐述科技投入、技术存量与京津冀经济增长的交互关系，并建立时间序列模型，揭示科技创新与京津冀经济增长的内在规律及因果关系。有针对性地选取符合京津冀实际的实证检验方法，力求规范分析和实证分析的有机结合。

四、体制机制的创新

体制机制设计与“创新驱动”、“京津冀协同发展”的紧密结合，突破以往学者单纯以科技创新的角度出发，充分考虑到京津冀各区域在地理空间、科技资源配置的差异性，构建有利于科技创新效应发挥的体制机制。同时，提出应建立京津冀要素跨区流动机制、成果转化与共享机制、技术经济关联机制、协同创新机制、创新投融资机制、人才交流与培养机制、创新科技管理机制等的初步建议。

第二章　理论基础与文献综述

第一节　理论基础

理论是实证研究的依据和支撑，没有理论指导的实践是盲目的实践。探讨京津冀区域科技创新效应与机制需要相应的理论依据和指导，为了更加系统地分析京津冀科技创新综合效应的实现情况，必须研究和梳理科技创新的相关理论，运用理论指导京津冀科技创新及创新效应产生的全过程。科技创新的理论可归纳为技术创新与知识经济、技术转移与创新溢出、技术合作与科技协同、区域创新与新经济增长等相关理论。

一、技术创新与知识经济的相关理论

（一）技术创新理论

创新理论最早可以追溯到亚当·斯密与马克思对技术进步与经济关系的经典论断。亚当·斯密在1776年出版的《国富论》中指出："国家的富裕在于劳动分工、新技术发明及资本积累"，其新技术发明蕴含着科技创新的内涵。在马克思看来，生产力是经济社会发展最重要的因素，只有不断改进生产工艺、改变生产方式、提高劳动生产效率，才能极大地提高社会生产力，可见，马克思进一步阐述了技术生产在经济发展中的重要性。

19世纪末20世纪初，经济学家对技术创新的深入研究相对较少，基本上都

是将技术与知识作为经济增长模型中的外生变量，并未给予足够重视。熊彼特深受马克思的思想启发，1912 年在其发表的《经济发展理论》中首次提出“创新”的概念。他指出，经济发展是一个动态演进过程，是不断将创新引入经济体系中，对生产要素和生产条件进行重组，改变原有的生产方式，促进经济持续发展。熊彼特认为，技术创新本质是把一种从未有过的关于生产要素的“新组合”引入到生产体系，并把技术创新归纳为五种类型：引进新产品、引用新技术、开辟新市场、获取原材料新来源、实现工业新组织等。后又在《经济周期》一书中，详细阐述了他的创新思想，由此开创了技术创新理论研究的先河。

随后，国外经济学者从不同层次对创新理论进行阐述，研究内容更加广泛、成果更加丰富。在熊彼特创新理论的基础上，西方学者 Schwartz，Mansfield，Chris kaman 和 levin 等对技术创新的内涵、特征、内容进行研究，并探讨技术创新的对象、影响因素、模式和演化规律等，使技术创新理论初步形成了一个相对完整的研究框架。此外，国内外学者愈加重视科技创新对经济增长的影响，逐渐拓展科技创新的研究层次，研究多集中于创新动力源、创新扩散、制度创新及国家创新等方面，进一步丰富了科技创新的理论。

（二）知识经济理论

知识经济亦称智能经济，是一种以知识为依托、富有活力的崭新经济形态。工业化、信息化和知识化是现代化发展的三个阶段。创新是知识经济发展的动力，教育和研发是知识经济时代最主要的部门，教育、文化和科学研究是知识经济的先导产业，知识和高素质的人力资源是最为重要的资源。知识经济是人类知识积累到一定程度，以及知识在经济发展中的作用增加到一定阶段的历史产物。

知识经济产生于 20 世纪 80 年代，源起于新经济增长理论。在世界经济增长主要依赖于知识的生产、扩散和应用的背景下，美国经济学家罗默和卢卡斯提出新经济增长理论。在新经济增长理论中，罗默（Paul Romer）指出，“知识积累是经济增长的一个内生独立因素，认为知识可以提高投资回报率”，罗默把其看作是现代经济增长的源泉。而卢卡斯（Robert Lucas）认为，“人力资本才是经济增长的真正源泉，但人力资本的积累需要知识生产和技术进步”。这些研究，使人们对知识经济理论有了全新的认识。知识经济理论认为，“以知识和信息为特征的经济正在取代以资本和资源为特征的经济，新经济的增长动力主要来自技术、知识和制度等方面的创新，人力资源的质量和劳动者技能是推动新经济发展的现实力量，知识的研发、扩散和应用是转化经济优势、推动经济增长的主要方式。”联合国经合组织于1996年发表《以知识为基础的经济》的文章，将知识经济定义为：“建立在知识的生产、分配和使用上的经济”。其中，知识是人类社会所创造的一切知识，主要包括科学技术、制度管理和行为科学的知识。从某种意义上讲，这份报告预示着人类的发展将更加倚靠自己的知识和智能、知识经济将取代工业经济成为时代的主流。

随着知识与经济之间的互动作用日益加强，知识经济对投资模式、增长方式、产业结构、教育职能产生了深刻影响。知识经济的基础是信息技术，知识经济的关键是知识生产率。只有信息共享，才能高效率地产生新的知识。随后知识经济理论研究趋于深化，托夫勒于1970年在《第三次浪潮》中提出“后工业经济”的概念，奈斯比特于1982年在《大趋势》中提出“信息经济”的概念，1986年英国的《福米斯特在犒技术社会》中提出“高技术经济”的说法。

二、技术转移与创新溢出的相关理论

（一）技术转移理论

技术转移实际上是关于科技成果转化的问题，它包括技术在国家之间、区域之间、部门之间的转移与转化。技术转移通常包含两个维度：其一是技术在水平维度上产生的运动，也称为横向技术转移，包括技术在不同地区、不同领域、不同主体之间的转移；其二是技术在垂直方向上的运动，也称纵向技术转移，包括技术从实验室研发到市场、商业化开发三个阶段。

技术转移理论与实践产生于20世纪60年代，一直是学术界讨论的热点话题，后来逐渐演变成多种类型的技术转移理论。美国经济学家波斯纳（Posner，1961）最早提出技术差距论，他认为技术差距是国家、地区、企业之间技术转移的前提，技术与经济同样存在“二元结构”，技术总会从“中心”（技术发达国家）向“边缘”（技术发展国家）实现转移。自波斯纳提出技术差距论后，迈依耶提出“技术二元结构”论、金泳镐提出“技术积累差距”论、克鲁格曼（Krugman，1979）提出“技术转移均衡”论等与波斯纳相似的观点。关于技术转移选择理论比较有影响的人物是美国的 Manthfield、邓宁、Cave 等，他们从国际贸易、对外直接投资、技术转移的角度出发，认为企业在国外能获最大利益、拥有区位优势、控制技术专利权的情况下，倾向于对外直接投资；当企业利益受阻、区域优势和竞争优势下降的条件下，一般选择技术转移。日本学者斋藤优（1986）从周期论的视角阐述实现技术转移的机理，认为商品贸易、对外投资、技术转移三者存在周期循环的关系，并提出了“NR 关系假说”。

此后，国内外学者从不同区域、不同角度揭示技术转移的内涵，并涌现出一系列理论成果。美国学者费农（Raymond Vernon，1966）提出技术生命周期论，认为技术在转移过程中也存在产生、发展和衰退的规律。加拿大学者 Laghman 和美国学者 Carson、Buckley 提出技术内部化理论。Laghman 建立了一个“出口—直接投资—技术转移”三者之间选择的统一技术模式，Carson 从技术转移的内部化机制探讨技术转移的因素。同时，产生了中间技术论、需求资源关系论、技术从属论、适用技术论等相关理论。

（二）技术溢出理论

技术溢出实际上是技术转移的一种非自愿的形式，跨国公司是世界先进技术的主要发明者和主要供应来源，通过对外直接投资内部化实现其技术转移，这种技术转移行为会对东道国带来外部经济，即技术溢出效应。这种利益对经济活动本身是外在的，对社会产生了外部经济。当然，除国际技术溢出外，还包括国内技术溢出、行业间技术溢出、行业内技术溢出等。

马歇尔（Marshall，1890）、庇古（Pigou，1920）最先提出溢出的概念，他们认为溢出是一种外部行为，由此引起学者们对技术溢出问题的探讨。科高认为，技术溢出效应的发生来自于两方面：其一来源于示范模仿和传播；其二来源于竞争。前者是技术信息差异的增函数，后者主要取决于跨国公司与当地厂商的市场特征及相互影响。Mac Dougall（1960）、Cooden（1960）在分析外商直接投资对东道国的福利效应和资源配置效应时，首次提出了技术溢出理论。Caves（1974）强调技术溢出来自跨国公司的对外直接投资，通过对外直接投资可以改善东道国的技术状况和生产效率，即产生技术溢出和生产率溢出。卢卡斯的人力资本溢出模型指出：人力资本的溢出效应可以解释为向他人学习或相互学习，一个拥有较高人力资本的人对周围的人会产生更多的有利影响，提高周围人的生产率。Findlay（1978）、Lan（1995）认为，跨国公司拥有的知识伴随着人员交流、原材料交换而流出，强调技术溢出是知识的扩散或流动。Blomstrom（1998）、何洁（2000）强调 FDI 可以促进东道国的技术进步、提高经济效率和发展能力。Pack（1997）、Posi（1988）、Nelson 和 Winter（1982）认为，技术溢出能力与外商直接投资额呈正相关性，但技术溢出需要一定的成本。Blomstrom（1998）、Wang（1992）认为，FDI 对东道国会产生直接效应（宏观经济）和间接效应（生产企业），通过学习示范和相互竞争提高东道国整体的技术水平。

在国外技术溢出理论研究的基础上，国内学者也从多角度对其研究，如孙兆刚（2005）、李韬葵（2006）考察了 FDI 的知识溢出效应及对本土自主研发的溢出效应。王林生（2002）、陈继杰（2006）认为，外商直接投资有助于提高劳动生产率、强化产业的比较优势，促进经济的可持续发展。

三、技术合作与科技协同的相关理论

（一）协同理论

协同理论是 20 世纪 70 年代以来兴起的一门新科学，是自然科学领域的“三大新理论”。由德国物理学家哈肯（Hermann Haken）最先提出，并在他 1976 年发表的《协同学导论》中对其进行了全面、深刻的论述。协同理论以现代科学的最新成果——系统论、信息论、控制论、突变论等为基础，汲取了结构耗散理论的思想，采用动力学和统计学相结合的方法，提出一种多维相空间理论。

协同理论认为，客观世界是一个巨系统并由多个子系统构成，各系统间及各系统内部存在相互作用和相互协作的关系，目的在于揭示各种系统从无序状态到有序状态的结构特征与演变规律。协同作用是系统有序结构形成的内驱力，协同效应是协同作用产生的结果，是开放复杂系统中各子系统相互协作、相互影响，使系统从无序到有序、从混沌到稳定而形成的整体效应或集体效应。协同论是研究不同事物共同特征及其协同机理的新兴学科，是近十几年来被广泛应用的综合性学科，它着重探讨各子系统从无序变为有序时的相似性。著名管理学家安索夫（Lgor Ansoff，1987）把协同的理念引入经济学领域，并提出“1 + 1 > 2”这一精炼表述。日本学者依丹广之进一步深挖协同的内涵，并把安索夫提出的协同内涵划分为"协同效应"与"互补效应"两个层次。

国内对协同理论的研究相对较晚，尤其是进入21世纪后，理论界逐渐开始从协同的角度研究区域经济问题。张晓平和陆大道（2002）从土地使用和区域联动的角度，探讨中国经济功能区土地使用的区域效应和协同机制。陈劲和杨银娟（2012）立足于功能整合与创新协作两个方面，提出了区域创新协同的内涵特征与理论构架。马永坤（2013）从知识协同、组织协同等角度提出了区域协同创新的理论模型。文魁和祝尔娟（2015）基于协同创新的视角，从产业、科技、交通、生态、城镇体系等方面深入探讨京津冀协同发展的路径和突破口。

（二）三螺旋理论

20世纪50年代初，三螺旋理论由美国遗传学家查德·列万廷在《三螺旋：基因、生物体和环境》一文中最早提出，并对它的思想精髓进行详细阐述。亨利·埃茨科威兹（Henry Etzkowitz）和罗伊特·雷德斯多夫（1997）首次把三螺旋理论引入经济学领域，提出政府、企业和大学之间的三螺旋动力理论，并用于揭示知识经济时代各种创新主体之间的新型互动关系及运行机制，该理论强调政府、企业和大学的合作关系，而不是刻意强调谁是主体。由此，开创了一个创新结构理论研究的新领域、新范式。

此后，国内外学者从不同角度对三螺旋理论和实践进行深入研究。勒特·雷德斯道夫（Loet Leydesdorff）（1997）阐述了该模型的理论系统，三螺旋模型结构由知识生产机构、企业和产业部门、不同层次的政府部门组成，三个部门根据市场需求在知识创造与传播、技术产生与应用、职能协调与互动中联结起来，最终孕育出一种新型的知识创新体系。三螺旋理论认为，在知识创新驱动下，产业、科研院所、政府三方应相互协作、相互影响，促进知识生产与传播、技术转化与产业化及技术进步，推动创新系统动态螺旋上升，它强调创新主体的合作关系、知识技术的跨界流动、创新群体的共同价值等。随着知识经济的出现，在区域内的科研院所与大学成为主要的知识资产，发挥了强大的技术创新辐射作用，具有了更高的价值。

三螺旋理论产生后，一直是学界、政府等部门热衷讨论的话题。Etzkowitz（2005）主要围绕创新机构的协作关系、创新动力的演化机制与创新系统的测度评价体系展开研究。Leydesdorff（2006）提出多种区域三螺旋创新模式和关联机制，并采取计量方法对其演化机制进行探讨。周春彦和亨利·埃茨科威兹（2008）提出三螺旋循环概念、双三螺旋耦合机制及三螺旋场的理论体系，并形成区域可持续发展的三螺旋分析框架。涂俊和吴贵生（2006）立足于三螺旋理论，着重探讨了产学研合作及我国区域创新体系建设的问题。王建华（2010）运用三螺旋模型论述区域科技创新体系，认为创新主体的联合互动才是实现区域创新的关键所在。

四、区域创新与新经济增长的相关理论

（一）区域创新体系理论

区域创新体系理论是一个相对崭新的研究范畴，来源于国家创新系统理论和现代区域发展理论。区域创新体系理论产生于国家创新系统理论之后，是国家创新系统理论的分支和延伸，是国家创新系统理论的区域化和本地化。1992 年，英国库克（Cooke）教授最早对区域创新体系理论进行了较为全面的概述，由此开创了区域创新体系理论研究的先河。他认为，区域创新产生于区域创新系统，而区域创新系统是由地理空间上相互关联与相互分工的企业、大学、科研部门等构成的区域组织体系，其主要功能是配置创新资源、促进知识生产和技术扩散、协调区域创新活动。

此后，众多国内外专家学者在此基础上对区域创新体系理论进行更深入、更全面的研究。瑙韦莱斯和里德认为，区域创新系统是“区域内一套经济的、政治的和制度的关系，能促进知识迅速扩散和产生最佳业绩的集体学习过程”。魏格（Wiig，1995）认为，区域创新体系应包括：生产企业群、教育机构、研究机构、政府机构及创新服务机构等。Autio（1998）认为，区域创新体系是由若干子系统构成，通过各子系统及子系统内部的相互作用，推动知识流和信息流在区域内部快速传播。黄鲁成（1999）认为，区域创新系统具有催化功能、化险功能、解惑功能、协调功能等。潘德均（2001）认为，区域创新体系是由相关创新要素、创新主体、创新制度构成，通过它们的相互作用创造和转让新知识、生产新产品、释放创新活力。之后，国内外学者对区域创新体系的研究方向更加宽泛，涌现出一些比较有代表性的理论成果。甘希（Gansey，1998）、麦拉特（Maillat，

1998）、王缉慈（2000）、盖文启（2001）、刘伟和盖文启（2003）等对区域创新环境的演化规律、影响因素、政策评估等进行探讨。

区域的创新网络与产业集群也是学术界研究的重点内容之一。部分学者对区域创新网络进行研究，认为区域创新网络就是区域创新体系，具有非层次性和统一性的特征，如依克纳梅第斯（Economides，1995）、格罗兹和布朗（Grotz and Braun，1997）、王子龙和谭清美（2003）等。哈里森（Harrison，1992）、梅季布姆（Meijboom，1995）、卡尼尔斯（Caniels，1996，1999）、匡致远（2000）等着重对区域创新产业集群与空间特征进行研究，发现专业化高、相关性强、创新灵活的高技术产业倾向在特定地理空间集聚。此外，学者们对区域创新功能、区域创新过程、区域创新模式及创新对区域经济增长等方面也进行了较为有益的研究。

（二）新经济增长理论

20 世纪 80 年代，随着知识经济的兴起，新增长理论是继古典增长理论、新古典增长理论之后成长起来的又一大经济增长理论，它试图从不同侧面探索经济增长的机制和源泉，并在更广层面上揭示经济增长的现象。在一定意义上讲，新增长理论是新古典增长理论和极化理论之间的一个综合，它重点探讨有关技术进步与经济增长之间的内在关系。

罗默（Paul Romer）和卢卡斯（Robert Lucas）首次提出新经济增长理论，并将人力资本的概念引入经济增长理论，认为知识和人力资本是经济增长的发动机。该理论认为知识是一种特殊的生产要素，而人力资本作为知识的载体，同知识一样，它们不仅本身具有收益递增的特点，而且会使资本和劳动等其他要素的收益递增，会改变各种要素在生产过程中的结合方式，产生“收益递增的增长模式”，从而保证长期的经济增长。卢卡斯在 1988 年发表的《经济发展的机制》一文中提到“将人力资本作为独立的因素引入经济增长模式，并建立宏观模型分析人力资本的形成和积累对经济增长的贡献”。卢卡斯所指的人力资本不仅包括劳动力数量和平均技术水平，而且还包括劳动力的教育水平、生产技能和相互协作能力。罗默于 1990 年提出了“技术进步内生增长模型”，把经济增长建立在内生技术进步上，并建立包括资本、劳动、人力资本及技术进步在内的一套完整的生产函数关系式，即 $Y = F(K, L, H, t)$。其中，Y 是总产出，K、L 和 H 分别是物质资本存量、劳动力投入量和人力资本（无形资本）存量，t 表示技术水平。格鲁斯曼和赫尔普曼（Grossman and Helpman，1991）认为经济增长的基础是技术进步而非人力资本积累，并以此建立其增长模型。格鲁斯曼（Grossman，1994）对早期增长模型进行修正，并建立一个基于自主创新的长期增长模型。

之后，又逐渐涌现出一些较有影响的理论模型，如干中学理论、边际收益递增模型、非趋同理论等。新增长理论的贡献主要体现在：将知识和专业化引入增长模型、对新古典理论做了重要修正；指出知识外溢及边干边学在经济发展中的作用；强调发展中国家对外开放的重要性；总结出一套维持并促进长期增长的经济政策。新增长理论的产生在经济理论发展上产生了重大突破，这种以知识为基础的经济增长理论在经济社会中得到广泛传播和应用。

第二节 科技创新的研究综述

一、国内外科技创新研究

近年来，关于区域科技创新的研究与探讨，一直是经济问题关注的焦点和热点。科技创新的研究成果极为丰富，既有理论机制探讨，又有实证计量分析，各种科技创新评价指标体系和评价方法层出不穷。从现有的文献看，国内外的研究主要集中在如下方面。

（一）区域创新系统及科技创新机理研究

Edquist（1997）把创新系统定义为：是由一些影响创新发展、技术扩散及应用的各种重要的创新主体或组织以及相互关联的创新要素所构成。Doloreux（2002）强调区域创新系统的核心是“嵌入（Embeddedness）”这一概念。Temela（2001）、KavitaMehra（2003）认为，区域创新系统是围绕技术研发和应用而组织起来的技术扩散系统。倪鹏飞等（2011）构建全球 436 个城市的结构化方程模型，并探讨城市创新系统的运行机理及影响因素。李响和严广乐（2013）借鉴多层次治理理论，深入剖析区域创新系统的影响机制及治理框架。陈伟和冯志军（2011）构造二象对偶模型，测度与评价我国30个省市区创新系统的协调状况。陈凯华、寇明婷和官建成（2013）构建2006~2010年的省域面板数据模型，分析中国区域创新系统的功能结构与运行路径。冯锋和汪良兵（2012）认为，区域创新系统是由技术研发和技术应用两部分构成，并从技术创新链的角度分析我国区域创新系统的协调发展度。和瑞亚和张玉喜（2014）构建区域科技创新与公共金融的耦合协调度模型，定量研究了我国28省级区域系统的耦合协调度，从横向看，我国各省级区域科技与金融系统的耦合协调化水平不高；从纵向看，各省区耦合协调能力有所提升。张小菁和张天教（2007）从区域创新系统的构成要素、演化动力两个方面，探索区域科技合作的新机制与新模式。杜辉和刘慧卿（2010）全面阐述了科技创新机理的内涵和外延，认为科技机制是以制度为前提和基础，并建立包括创新动力机制、创新扩散机制、创新转化机制、创新协同机制在内的整套创新机制理论框架。饶光明和王勇等（2009）从内外共生循环的角度实证研究了我国长江上游地区的科技创新效率及科技创新机理。陈飞（2014）基于跨组织关系管理的视角，构建创业导向产学协同创新机理理论模型，并探讨创业导向的产学协同创新机理。

（二）区域创新能力及创新效率研究

Cooke（1998）对区域创新能力和创新治理进行实证分析，结果表明，教育水平、创新扩散和科技体制在对区域创新能力影响显著，而创新主体、创新环境、创新组织对区域创新治理影响显著。Porte和Stern（2000）认为，创新投入、创新环境与创新制度是影响一个国家或区域创新能力的关键因素。Riddle和Schwer（2003）从高技术人力资本、工业研发和投入、知识存量等方面探讨美国的技术创新能力。Zabala等（2007）建立创新输入和创新输出两维指标，运用数据包络法测度欧洲区域创新系统的运行绩效和创新潜力。Pinto和Guerreiro（2010）采用因子分析法，从经济结构、劳动力市场、技术创新和人力资本四个维度，对欧洲多个地区的创新能力进行检验。李习保（2007）构建随机前沿模型，定量检验1998~2005年我国区域创新能力的变迁。陈丹宇（2009）运用面板数据模型，构建21个指标体系，测度长三角创新系统的协同创新能力。陈伟和冯志军（2010）构建两个创新链式子阶段，运用数据包络法评价我国各区域创新系统的创新效率。胡晓瑾和解学梅（2010）基于协同理念，从知识创造、创新协同、技术创新、技术创新环境、创新经济绩效等五个角度，建立多级模糊综合评价体系。张换兆和霍光峰等（2011）构建多级指标体系，测度京津冀各省市科技创新水平并进行差异性分析。宋河发等（2012）基于熵变模型，从多个角度探讨我国创新资源的布局特征，并阐述影响区域创新能力建设的因素。贺灵（2013）构建知识创造、知识应用开发、创新资源保障、知识转移及创新环境支持五个能力系统，采用面板数据模型，实证分析我国各地区的创新能力。邓富民、张金光和梁学栋（2014）运用协调度—管理熵的测度方法，从创新主体有序度和知识转移度两个方面定量研究我国各省市的区域创新能力。Connolly（2003）通过实证研究发现，发展中国家创新能力及创新效率提升的关键就是不断向发达国家进行技术学习与技术引进。张志新、孙照吉和薛翘（2014）运用主成分分析法对黄河三角洲6市的科技创新能力进行测度与评价。王亚伟和韩珂（2012）构造多层次模糊综合评价模型，实证测度我国省域的科技创新能力。文魁和刘小畅（2014）构建了三螺旋理论模型，测度北京创新系统的技术效率。沈能和宫为天（2013）运用三阶段 DEA 模型，对我国 2002 ~ 2011 年 30 个省级区域的高校创新效率进行实证分析。戴魁早和刘友金（2013）综合利用面板数据、Malmquist 和 GMM 方法，实证检验中国高新技术产业创新效率及行业差异。

（三）区域创新资源配置及空间分布研究

Malecki（1982）基于大都市区的角度，研究美国 1965 ~ 1977 年政府 R&D 经费的空间布局，研究表明国家 R&D 经费支出主要集中在少数集聚区。Mailfert（1991）研究发现，法国国家研发经费主要分布在大巴黎地区、普罗旺斯和阿尔卑斯等重要经济区。王培和刘卫东（2011）运用熵值方法对中国三大经济区科技创新效率进行测算和比较研究，研究表明，京津冀地区的科技创新效率存在极化现象，创新单元分布不均衡，而长三角和珠三角各地区创新水平趋于一致，且整体配置效率优于京津冀地区。王天骄（2014）从创新资源分布和配置效率的角度探讨我国科技体制改革的新路径，研究表明，中国的科技资源不断从科研机构流向企业，小企业的专利创新能力最高。牛方曲和刘卫东（2012）从多个视角分析中国创新资源的空间分布与配置能力，发现各省级区域创新资源分布与经济发展水平存在较强的相关性，随着各省科技资源的增加，其经济发展水平有所提升。

雷怀英和靳辰璐（2014）运用空间统计分析与 GIS 方法，分析我国科技创新分布特点及其空间集聚效应和扩散效应，结果表明，我国科技创新投入存在显著空间自相关性，科技创新综合水平有显著的空间梯度分布特征。范斐和杜德斌（2013）运用数据包络法测算我国城市科技资源分布的时空格局及演变态势，结果表明城市科技资源分布情况空间差异较大。雷彦斌（2012）对我国产业内部研发机构的效率及科技资源配置情况进行研究，发现中国产业内部研发机构的整体效率不高、科技资源配置较为不均衡。牛树海、金凤君和刘毅（2004）从资源配置能力、资源配置效果、资源配置强度等三个角度，构建科技资源配置测度框架，评估我国各区域科技资源配置的水平和差异。李恒、范斐和王馨竹（2013）借用锡尔指数和基尼系数的方法，研究 1999 ~ 2011 年我国 31 个省市区科技资源的分布情况，发现各省市科技资源空间分布差异较大。马强（2011）利用 SEM 模型实证检验我国科技资源空间分布的影响因素，研究表明科技资源的区域分布、行业分布受到区域经济、产业结构、环境制度等交互影响。

（四）技术空间溢出及创新驱动经济增长研究

Jaffe（1989）、Fritscha 和 Frankeb（2004）从创新主体研究入手，发现高校和研发机构的科技产出对企业科技创新产生显著的空间溢出效应。Ponds、Oort 和 Frenken（2010）研究发现，教育机构的知识扩散可以通过高校和产业协作（University - industry Collaboration）在更大的空间范围产生科技外溢。Keller（2002）构造创新溢出效应函数，发现 OECD 成员国技术扩散效应随着国与国之间的距离增加而减少。Kuznets（1985）建立时间序列模型探讨经济增长的影响因素，发现技术进步已成为区域经济发展的主要引擎。Jingo Park（2006）选取 94 个国家 1960 ~ 1995 年的教育数据，实证分析智力资源与现代经济发展之间的联系。余永泽和刘大勇（2013）采用 2002 ~ 2009 年省级空间面板数据模型，测算在创新要素集聚下我国科技创新的空间溢出效应。唐德祥等（2009）基于中国实际经济运行数据，实证检验创新要素投入对我国经济增长的内在机制。张积林（2013）利用数据重心法，从创新资源投入的角度分析科技创新对我国经济增长的作用机理。方丰和唐龙（2014）从全国层面、省域层面、地市层面三个维度，探讨科技创新与经济转型的形成机制与空间格局。崔巍平和何伦志（2014）建立系统动态耦合模型，实证分析区域科技创新与经济发展的耦合机制和演变路径。

吴二娇（2011）利用 Granger 因果检验和时间序列模型，实证检验科技创新与经济增长的因果关系和动态趋势。纪玉山、吴勇民和白英姿（2008）从规模效应、集聚效应和乘数效应，构建科技创新对经济增长的微观传导机制，并运用协整方程进行宏观测算。龙飞和戴昌钧（2008）从区域层面和行业层面两个角度，实证分析科技创新与经济转型的动态机制和互动效应。王旭辉（2014）构建面板数据模型，定量研究了我国东、中、西地区技术存量、人力资本对经济增长的作用。赵昕和郑慧（2010）采用 Johansen 协整检验模型，实证检验山东省科技创新与经济增长的动态效应和协整关系。

（五）区域科技合作及科技协同创新研究

Nelson 和 Winter（1982）认为，技术合作是企业主动利用外部创新资源、提高技术创新水平的重要途径。Hippel（1988）认为，早期的企业合作主要体现在技术研发的合作，而企业深层次的合作创新体现在技术链、供应链、价值链环节上的纵向合作及与竞争对手、创新主体之间的横向合作。De Propis（2002）对英国西部 Midland 区域 435 家制造业企业跨产业进行研究，探讨企业间相互关联对科技创新的影响。初大智、杨硕和崔世娟（2012）通过对广东省五大类制造业 421 家企业考察，发现垂直合作是提升企业创新水平的关键。寇小萱（2010）认为，区域科技合作应包括大中小型企业间的合作、产业与高新技术园区间的融合、技术创新平台间的协作等。林思达（2010）探讨了长三角区域科技合作的框架，认为应共同创建区域“科技创新中心”、“科技资源共享区”、“科技生活宜居区”和“科技产业创造区”等。Jadesadalug 和 Ussdhwanitchakit（2008）认为，实现区域协同创新的关键在于技术、市场、组织这三要素之间协同。陈劲和阳银娟（2012）阐述了协同创新的内涵与理论框架，协同创新是以知识创造为基础，各创新主体相互协作，实现知识增值、资源合理配置、行为协同的组织模式。高建新（2013）从市场推动式和技术拉动式两个方面剖析区域科技协同的形成机制，并阐述区域协同创新的动力因素和治理结构。何恬和刘娟（2013）从区域协同创新的运行机制，探寻京津冀区域协同创新的网络结构与体系建设。杨耀武和张仁开（2009）从技术创新、集群创新、区域创新三个维度，探讨区域协同创新的演化阶段和发展路径。陈丹宇（2009）构建系统协同度模型和指标评价体系，实证分析了长三角区域创新系统中的协同能力和增进机制。解学梅（2014）基于协同理念，从知识创造能力、环境支撑能力、技术应用能力、创新配置能力、技术创新效益五个角度构建区域协同创新能力的理论框架，并对其进行测度与评价。邓富民和梁学栋（2014）构建协调度—管理熵的测评方法，实证检验我国区域创新系统的协同化效应。张明和丁刚（2013）构建企业、研发机构、监管部门三方之间的博弈模型，探讨区域创新主体协同及资源共享机制。

（六）科技政策及创新制度变迁研究

Jones L. P. 和 Sakong I. （1980）研究发现，科技政策对国家科技产业化和经济社会发展有着极大的推动作用。Amsden S. （1989）对日本科技政策、财政政策、货币政策进行比较分析，强调有效的科技政策是推动国家经济增长的重要因素。2005 年，美国总统科学顾问、白宫科技政策办公室（OSTP）主任马伯格（John Marburger Ⅲ）提议发展“科技政策科学”（Science of Science Policy，SOSP），推进科技政策成为一门“科学”。Freitas（2008）比较分析了英国和法国通过对科技创新政策的调整来适应各自的目标、阶段和科技环境。澎纪生和仲为国（2008）从不同角度对科技政策进行量化，并阐述区域政策协同的演化趋势，发现科技政策协同对经济绩效具有明显的作用。王思薇和安树伟（2010）评价了西部大开发实施以来科技政策的绩效，认为不同的科技政策对区域技术进步、经济增长有着不同的作用。冯锋和汪良兵（2011）构建面板数据模型，并借助数据包络法，对长三角地区各省市的科技政策绩效进行测度和评价。刘凤朝和孙玉涛（2007）对中国多项创新政策的演变趋势进行定量研究，结果表明，中国科技政策呈现出从单向政策向组合政策、科技政策向科技与经济协同政策、政府主导向政府与市场互动的趋势演变。周华东（2011）基于“科学—技术—创新”范式，从政策主体、互动模式和政策目标三个维度系统描绘了科技政策的嬗变、分化与聚焦。刘凤朝和徐茜（2012）通过对科技政策“广度—强度”二维矩阵分析，发现我国科技政策呈现出整体结构优化与主体功能提升的同步演化特征；科技需求拉动与体制改革推动的双重驱动特征。徐芳和杨国梁等（2013）基于知识创新过程，从宏观层面、微观层面和国家战略层面对对科技政策方法论进行研究。丁恒龙（2007）研究发现，我国科技创新制度安排中存在一定的缺失，应注重科技创新制度的整体推进、相互耦合、动态调整和有效实施。袁庆明（2002）认为，科技创新制度与三次技术革命的演进趋势密切相关，科技创新制度是由根本性制度、重大性制度和辅助性制度三部分组成。陈玉川、赵喜仓和陈伟民（2009）构建了科技创新制度的结构方程模型，研究表明科技创新制度越完善越有利于区域科技创新。杨发庭（2014）基于生态文明的视角，系统探索了绿色技术创新的制度变迁。

二、京津冀科技创新研究

京津冀是我国智力资源最富集、科技创新能力最强的地区之一，京津冀科技创新一直是政府部门、理论界、实践部门关注和探讨的热点问题，尤其是近年来涌现出一系列丰富的学术成果。京津冀科技创新研究主要集中在以下几个方面。

（一）京津冀科技协同创新研究

文魁和祝尔娟（2015）构建了包括微观层面、中观层面和宏观层面在内的区域协同创新理论分析框架，并提出了京津冀协同创新的发展目标、实现路径与制度保障。张淑莲和胡丹（2011）构建区域协同创新的计量模型，实证检验了京津冀创新环境系统和产业创新系统的作用机制与协同效应。王秀玲（2015）从明确战略定位、强化顶层设计、联合技术攻关、共同打造协同创新体、完善创新服务体系、优化创新政策环境六个方面，深入探索京津冀科技协同创新的发展路径。毕娟（2016）把影响京津冀科技协同创新的影响因素概括为驱动因素、支撑因素、链接因素和保障因素，并通过抽样调查和结构方程方法，构建三阶递归模型分析各影响因素之间的关系。皮乐为（2015）通过借鉴美国、英国、德国等发达国家科技协同创新的经验，提出京津冀应加强顶层设计、建立创新产业联盟、激活资本市场加大资金投入、发挥人才在科技协同创新中的作用。郭斌（2016）基于科技资源耦合驱动创新理论的视角，构建包含价值链、知识链、产业链在内的京津冀科技协同创新逻辑框架，通过层次分成和复杂网络分析，实证检验京津冀科技协同创新的绩效。

（二）京津冀科技资源配置与共享研究

谢思全等（2006）基于静态和动态两个维度，从地区科技资源存量、科技资源产出及科技产出绩效三个方面，对京津冀区域创新资源空间配置与演变趋势进行系统的研究。张亚明和刘海鸥（2014）从协同创新博弈观出发，构建区域科技资源共享的“声誉博弈”模型，从多维度提出京津冀区域科技资源共享与创新协同的有效策略。王琦、华夏和刘宏岚（2014）基于 DEA 模型，定量分析了京津冀创新资源配置的效率。杨畅（2011）运用区域要素流动理论和新增长理论，从区际贸易、产业集群、技术与信息传播的角度，提出京津冀区域科技资源整合与技术创新联动的构想。薛智胜和刘红丽（2014）分析了京津冀科技资源共享区域立法的必要性和可行性，并提出了立法内容的初步设计，以期构建京津冀一体化的科技资源共享体系。毕娟（2015）从科技资源的外部化、科技资源共享的外部激励、区域科技资源的管理体系三个角度，深入探讨了京津冀科技协同创新的资源支撑机制。刘宾（2015）利用数据包络分析方法，对京津冀金融资源配置与科技创新的协同效益进行测度，发现该区域金融资源配置与科技创新的协同效益在增强。李峰和张贵（2011）通过对京津冀科技资源共享状况进行实证分析，研究表明京津冀区域之间共享程度存在较大差异，科技资源浪费与供给不足现象并存。张寒（2015）研究发现，京津冀存在科技合作缓慢、科技人才流动不畅、政策体系不完善、保障机制不健全等问题，并提出京津冀未来科技合作的实现路径。于海珍（2013）分析了京津冀科技合作的现状和问题，并构建了京津冀科技合作的政策体系。

（三）京津冀创新要素流动与科技合作研究

何勤和刘雅熙（2015）从区域协同发展的背景下，探讨了京津冀区域技术转移、科技人才流动的机制与路径，提出应实现京津冀互联互通、优化区域创新人才的发展环境，建立统一开放的区域人才服务平台。连建新（2013）全面阐述了区域技术联盟、产业创新集群对企业创新绩效的影响，并对京津冀产业技术合作进行实证分析，提出了跨区域产业技术联盟与企业创新绩效关系的概念模型与理论框架。许爱萍（2014）从创新资源布局、科技成果转化、科技人才流动三个方面，分析了京津冀科技合作与协同创新发展的效率和战略。韩景旺、刘宾和严婧（2015）运用 SEM 模型，对京津冀科技型产业协同创新进行实证分析，研究表明以企业为中心的协同创新网络协作程度最弱，以科研院校为中心的协同创新网络协作程度最强。魏进平和李子彪（2005）分析京津冀区域科技合作的基础与障碍，提出应建立京津冀跨区域的创新系统和科技合作平台。吴宇和孔东梅（2012）着重探讨了京津冀科技金融的合作机制和路径。边继云和陈建伟（2012）结合京津冀产业技术优势和产业技术需求的实际，提出应构建环首都科技合作带、环渤海科技合作带、冀中南科技合作带的战略布局。

（四）京津冀科技创新体系与创新效应研究

李国平（2014）研究发现，京津冀区域科技创新体系尚未建立，缺少科技一体化的制度保障，科技对地区经济发展的支撑和引领作用有限，科技创新层次存在不均衡性与异质性。仵凤清、高利岩和陈飞宇（2013）对京津冀三地的科技梯度系数进行实证测度和对比分析，发现京津的科技梯度远高于河北。陈诗波和王书华等（2015）基于京津冀科技要素分布不均和协作程度较低的状况，提出应建立京津冀跨区域科技合作与协调机制，联合共建一批协同创新示范基地，统筹加强区域科技人才的联合培养与双向交流，推动以企业为主体的区域创新体系建设。魏津瑜和白冬冬（2015）利用主成分分析和相关性分析，实证分析京津冀区域科技与经济协调性，进一步剖析了京津冀科技创新的经济效应。王琦、华夏和刘宏岚（2014）基于 DEA 模型，对京津冀科技创新绩效进行测度和评价，发现京津冀各地区科技创新水平差异较大。席强敏和李国平（2015）利用 2003 ~ 2012 年京津冀 13 个地级市面板数据，测度了京津冀科技产业分工的空间特征与行业特征，并基于空间面板计量模型，实证检验了科技产业在城市之间的空间溢出效应。张换兆、霍光峰和刘冠男（2011）利用主成分分析法，探讨了京津冀区域科技创新的能力与效应。李振华（2013）采用 DEA 的 CCR 和 BCC 模型，对京津冀地区 36 家科技企业孵化器的创新绩效进行评价。

此外，较多学者还对京津冀科技创新能力、科技创新区域差异、科技合作模式、区域创新战略联盟、创新共同体等进行深入的研究，并得出一些有益的成果。

三、研究评述

纵观国内外区域科技创新的相关文献及研究进展，主要呈现出如下几方面特征：

第一，研究内容。区域科技创新的研究内容极为广泛、学术成果颇为丰富，国内外专家学者研究多集中于科技创新的内涵特征与影响因素、科技创新的运行机理与传导机制、科技创新的要素流动与资源配置、科技创新的效率与能力等，对区域科技创新的理论深化与实践发展起到极大的推动作用。一些研究从不同尺度、不同层次、不同行业等视角，对区域科技创新的扩散与集聚效应、区域科技合作与协同创新、科技创新对经济的影响、区域科技政策与制度变迁等进行较为深入的探讨，研究角度趋于多元化、研究对象更加全面。也有一些学者已经认识到科技创新对自身或接受者以及整个经济领域产生影响的重要性，但大多是从某一方面进行机理探讨和实证分析，缺乏对科技创新效应的整体探讨，也没有形成科技创新效应分析的理论体系。

第二，研究方法。关于区域科技创新及创新效应的研究方法较为完备，既有理论分析，也有实证分析，更有多种方法综合分析。理论分析侧重于对区域科技创新的内涵特征、影响因素、实现机理及运行机制的研究，而上述内容更多的也是定性方面的研究，研究成果多从观察表象或实践得到。实证分析的方法更为丰富，主要以多元统计方法为主，通过建立科技创新的相关指标体系，借助计量经济学的分析工具，对科技创新的能力、效率及效应等问题进行测度和评价。其中，这些方法主要包括面板数据方法、因子分析法、DEA 分析法、层次分析法、模糊系统综合评价法、Malmquist 指数法及空间计量方法等。从现有的文献看，虽然科技创新的研究方法较多，但在方法选择上仍没有统一的标准，对同一个问题的研究不同学者会采取不同的方法，最后得到不同甚至相悖的结论。

第三，实践发展。科技技术具有世界性、时代性，科技革命已经成为影响世界经济周期、提升经济质量最主要的变量和因素。世界各国、各地区对加快科技创新及最大化提升创新效应，仍处于不断的探索中，还没有一套非常切实可行的实践方法，科技政策和创新制度也多围绕科技投入、科技产出、科技转化等方面，创新氛围和创新动力仍旧不足。从未来发展趋势看，打造区域创新战略联盟、构建创新共同体、增强科技与经济的深度融合是未来科技创新的发展趋势和导向，而科技创新的集聚扩散、创新主体的互动协作、创新对经济发展的支撑正好是科技创新的最佳诠释和实践体现。显而易见，这方面研究的深度和广度仍旧不够，未来仍需要不断拓展和深化研究，尤其是如何完善区域创新体系，发挥区域科技创新的整体效应、扩散效应及经济效应等至关重要。

从文献梳理可以看到，以往的文献和学术成果关于以科技创新为主题的研究较多，但关于科技创新效应的研究相对较少且不成体系，研究也多从科技创新某一效应展开，缺乏对区域科技创新综合效应的探讨，也未形成区域科技创新效应的理论体系和分析框架。同时，区域科技创新效应的测度方法选取也较为主观，虽然既有静态方法，也有动态方法，但方法选择和指标体系构建缺乏针对性，尚未形成正确有效的创新效应的评价方法和理论模型。关于京津冀科技创新的研究也面临同样的问题。因此，本书将在梳理京津冀科技创新发展现状的基础上，从微观、中观、宏观三个层面，探讨京津冀科技创新的综合效应及实现效果。

第三节　科技创新与创新效应的研究梳理

一、科技创新与创新效应的关系

科技创新由科学研究与技术创新两方面构成，由科学研究提出新观念、新方法、新理论及开辟新的研究领域，通过与技术创新的结合，发明和应用新技术、新知识和新工艺，改变原来的生产方式和管理模式，进而不断更新产品和改善产品质量，提高创新服务的活动。一般地，科技创新主要是由知识创新、技术创新和管理创新等三个层次构成。科技创新效应是科技创新对其自身或接受者产生的影响，是科技创新能力与效率、科技创新集聚与扩散、科技协同创新及对经济影响的综合反映。由于科技创新是一个广义宽泛的概念，因此科技创新效应包括科技创新在研发、管理、市场、应用等环节的影响。

科技创新效应的产生主要体现在三个方面：

第一，在一定的区域空间范围内，由于市场力量和创新导向的影响，会推动创新要素集聚和创新资源高效配置，促进区域科技创新活动广泛开展和创新成果转化、应用、推广，激活区域创新潜能和知识技术的有序扩散，最终产生创新空间集聚效应和空间外溢效应，创造和发展区域竞争优势。

第二，区域科技创新是以区域创新系统为载体，区域创新系统具有网路性、整体性、开放性，为实现区域科技创新的整体目标，区域创新系统内各创新资源、创新要素、创新主体之间会相互融合与竞争合作，并开展大跨度的资源整合和技术应用，最终产生最优状态的区域创新协同效应。

第三，科技创新是一个动态过程，不仅是技术发明、技术进步，而且是将发明创造应用于工业生产体系中并产生利润，进而使技术商品化。科技创新在科技推动或需求拉动的作用下，会加快技术的研发和应用，推动区域产业升级与经济转型，最终实现科技创新的产业化与市场化，产生经济效应。

总体来看，科技创新与创新效应既有区别又有联系，科技创新是创新效应产生的动力和手段，创新效应是科技创新运行的目标和结果。加快科技创新不一定产生创新效应，但创新效应的发挥必须通过科技创新实现。

二、科技创新效应的影响因素

科技创新体系是由知识创造、技术创新及应用等相关机构、组织和个人而构成的复杂动态网络，其组成要素不仅包括研发机构、高校和生产企业，也包括政府机构、中介组织和支撑创新的环境等。科技创新从空间范围和演化轨迹看，可分为不同的类型。从空间层次看，科技创新包括企业科技创新、区域科技创新、国家科技创新。企业科技创新在企业层面进行，通过新技术的研发应用加快形成新产品，最终实现科技成果的商业化、提高企业的经济效益和市场竞争力。区域科技创新立足于区域空间内，通过区域资源要素的协作共享及区际间科技的合作竞争，促进区域科技活动有效开展，从而促进区域产业升级和经济发展。国家科技创新从国家战略出发，由政府组织私营部门和公共部门共同形成科技创新网络，在全国范围内实施国家重大科技活动或国家科技目标的实现。总体来看，区域科技创新是企业科技创新和国家科技创新的“桥梁”和“纽带”。从演化轨迹看，科技创新分为科学技术分离型创新、科学技术渗透型创新、科技一体化到科学先导型创新、网络型科技创新、集成型科技创新等。

影响科技创新效应的因素较多，大致可以分为三大类：创新环境、创新基础、制度支持。创新环境主要涉及科技人才培养和教育、创新意识与文化、技术交流与合作等；创新基础主要涉及研发投入、知识创新和基础研发、创新资源整合和扩散、科技成果转化和应用、企业自主创新、科研院校创新能力等；制度支持主要涉及科技政策、创新体制机制、创新评价与管理、创新体系建设等。影响科技创新效应的各因素之间具有交叉互动、相互关联的复杂关系，无论从宏观看还是从微观看，各因素均根植于区域创新系统内部，创新系统中不同地区、不同部门、不同主体、不同要素之间的相互作用与相互制约，它们发挥功能的手段、预期目标不尽一致，仅靠单一因素很难实现创新活动的高效运行。为此，有必要利用各因素的特有优势，最大限度地发挥其应有的作用。同时，在推动科技创新效应实现的过程中，要充分发挥市场机制的主导地位，发挥企业和产业集群的主体作用，发挥科研院校的骨干作用，增强技术研发和转化能力，完善科技创新的政策和配套制度，推进科技创新效应的最大限度释放。

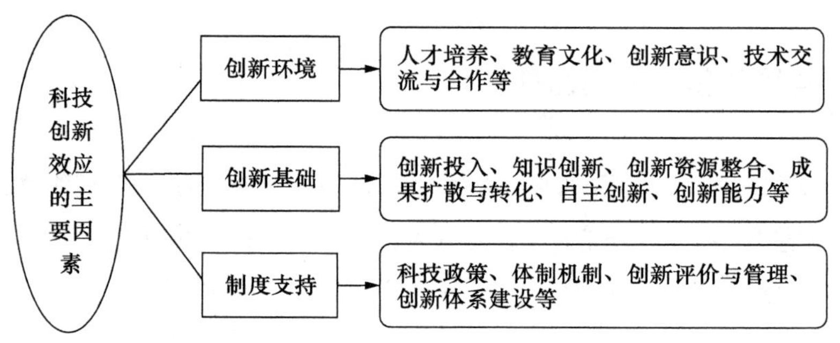

图 2－1　科技创新效应的影响因素

三、科技创新效应的形成机制

科技创新效应的形成是一个集知识创造与技术创新、技术应用与产业化、技术扩散与协同创新的动态过程。谷国锋和滕福星（2003）认为，科技创新效应的形成通常包括“基础研究—应用研究—技术开发与扩散—资源整合与协同创新—技术商品化与产业化—产业升级与经济增长”等几个阶段。一般地，科技创新的运行模式是：在组织创新环境下，通过创新系统的各组成要素分工与优化组合，以适应科技创新活动的需要；在制度创新环境下，通过各要素资源的相互作用，形成具有特定功能的复合创新主体；在政策环境的支持下，通过对创新活动的科学引导和调控，实施有效的技术创新活动，保证科技创新的正确性和稳定性；良好有效的技术创新推动区域创新系统目标的实现，促进科技创新效应的产生和发挥。可见，区域科技创新本质是从研发开始到实现市场价值的动态过程。从运行轨迹看，基础研究是科技创新的前提，应用研究是根本，技术开发是手段，商品化、产业化是过程，经济发展是目标（吴江，2013）。依据科技创新的阶段特征和运行模式，科技创新效应的形成机制包括动力机制、扩散机制、协作机制、激励机制、保障机制等，如图 2－2 所示。

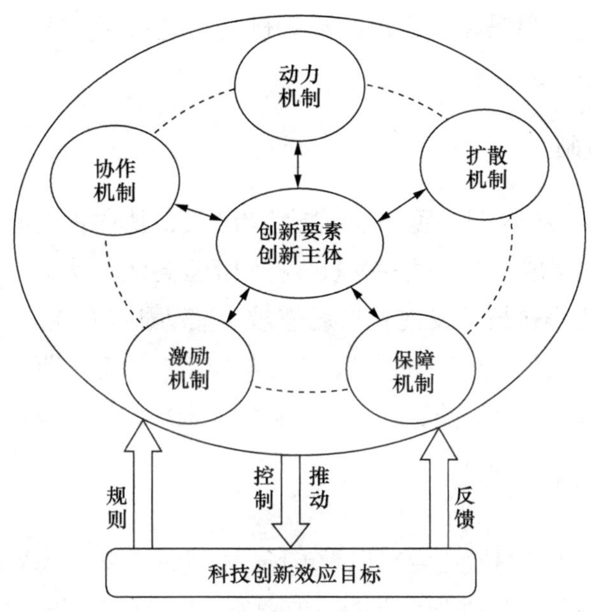

图 2－2 科技创新效应的形成机制

（一）动力机制

由于科学和技术有着本质的区别，科学是“好奇取向”，技术则是“任务取向”，因而，科学创新和技术创新机制各不相同。在科学界，知识生产者的贡献与其劳动成果紧密相连，由该领域的专家或学者对其学术水平进行评判，科学共同体是学术成果评判的“仲裁人”，因而，科学创新的动力是得到同行的认可，并赋予“优先权”。技术创新成果则不同，由于其可迅速物化为生产力，唯有采用“价值评价”，才最合适、最权威，市场是技术成果的“仲裁人”，因此，市场是技术创新的造血机制和动力机制。

（二）扩散机制

广义的科技创新不仅包括科技成果的商业化，还包括科学技术的扩散。扩散机制是创新主体的思想、知识和技术通过一定社会流动渠道在不同主体间的流动和传播。扩散的结果是使这种知识和技术得到充分的吸收和应用，并迅速产业化。多数研究表明，在更大范围上的创新扩散对产业科技化、经济质量提升有着明显的作用。为此，急需建立合理的扩散机制推动知识、技术、信息的快速流动，以实现充分应用的目的。

（三）协作机制

协作机制对网络型和集成型科技创新尤为重要。协作机制促使研究机构、大学与企业等创新网络成员相互间的关联，打破相互封闭的状态，并产生协同与互动的社会网络，使得科技研发注重市场需求，推动科技研究与产业发展融为一体。显而易见，企业是科技创新研发、转化与应用的关键环节，培育壮大企业技术创新的主体地位、推动科技协同创新，将成为未来创新领域的主流模式。

（四）激励机制

对于企业而言，其激励主要来自于市场，企业的创新行为受市场驱使，并受报酬递增原理的推动，即领先的会进一步领先，丧失优势的会进一步失去优势。当然，政府的激励措施对企业也会起到一定的促进作用。对科技人员的激励主要包括物质奖励、技术入股、专利保护等。从本质上看，奖励制度更多的属于行政行为，专利制度是一种法律手段。建立以专利制度为主、以奖励制度为辅的激励机制是各国在技术领域普遍采用的方法。

（五）保障机制

科技创新效应的发挥离不开相应的制度保障。制度安排主要体现为以下几个方面：在应用研究和开发研究方面，应该主要是企业投入为主而不是政府，政府在涉及基础研究的“公共物品”领域进行投资；在创新主体方面，需要由政府主导型向企业主导型转变；在科技成果评定和保护方面，尽量由市场去判断，并建立知识产权保护制度；在科技管理和调控方面，政府的职能是提供基本的竞赛规则，提供市场竞争的框架。总之，科技创新效应的保障机制应该是建立适应市场经济的科技管理体制，以市场导向为主、以知识产权为纽带、以政府调控为辅。

本章小结

本章详细梳理了科技创新的相关理论、回顾了国内外对科技创新研究的相关文献，阐述了科技创新与创新效应的相互关系以及创新效应的影响因素和形成机制，这些理论及研究成果为进一步分析京津冀科技创新效应奠定了基础。

本章首先从技术创新与知识经济、技术转移与创新溢出、技术合作与科技协同、区域创新与经济增长等四个方面对科技创新的相关理论进行分类和总结，这些理论不断演进和深化正好为科技创新效应的研究提供强有力的理论源泉和思想启发。通过对国内外科技创新的文献梳理，发现当前科技创新的研究多集中于创新机制与创新系统、创新能力与创新效率、创新资源配置与空间分布、创新溢出与经济增长、科技合作与创新协同、科技政策与制度变迁等方面，对科技创新效应的形成机理及影响因素缺乏深入的探讨，研究也仅停留在某一效应层面上，研究方法也较为主观，得出的结论也千差万别。在此基础上，本书对科技创新效应的影响因素、形成机制进行剖析，影响科技创新效应的因素可划分为创新环境、创新基础、政策制度三大方面，各影响因素之间存在复杂的、交叉互动的关系。科技创新效应的形成是一个动态复杂的过程，形成机制包括动力机制、扩散机制、协作机制、激励机制、保障机制等。因此，有必要对科技创新效应进行全面的研究，科学划分科技创新效应的维度，深入探讨不同创新效应的实现机理和演进态势。

第三章　科技创新效应的实现机理及研究框架

第一节　科技创新效应的维度划分及内涵

一、科技创新效应的维度划分

科技创新效应是一个相对宽泛的范畴，国内外文献对于科技创新效应并没有明确的概念和内涵，很多学者从不同角度、不同层次对其进行划分和定义，其实质是科技创新各种效应的综合体现。结合前文分析，本书按照科技创新的构成要素、影响因素与形成机制，把科技创新效应划分为空间集聚效应、空间溢出效应、创新协同效应、经济增长效应四个维度。

（1）空间集聚效应。熊彼特（1912）指出，“创新在时间和空间上呈现集群的特性，创新活动不是个体事件，而是趋于集聚和整合，从而可提高整体创新能力”。Hart 和 Simmie（1997）认为，创新集聚是区域内相关企业和产业通过地理位置上的集中和邻近，形成长期稳定的科技合作关系而产生创新空间集聚，进而结成创新优势的组织体系实现集群创新。Brett Anitra Gibert 等（2007）认为，创新企业的集群更便于从其他企业汲取新知识和新技术，以提高自身技术创新能力和创造更大的经济效益。张丽华（2010）认为，由于知识溢出和技术扩散，使得关联企业和产业更容易在地域上集中形成创新空间集聚，从而产生集聚效应和互补效应。李子彪（2015）认为，区域内的技术创新活动在一段时间会在不同的产业（行业）之间不均匀分布，存在创新空间集聚现象，进一步形成区域创新极，引导未来区域创新系统的演变。

（2）空间溢出效应。技术扩散理论认为，“由于技术在地理空间上存在二元结构特征，会存在技术从核心的地区（国家）向薄弱的地区（国家）转移或扩散，产生创新空间的扩散效应，导致不同地区的技术差距逐渐缩小”。黑格斯特兰德（Hgerstrand，1953）提出创新的“等级效应”和“邻近效应”，认为创新总是按照等级扩散，创新会由高等级地区向低等级地区扩散，从创新源逐渐向周围边缘地区扩散。科莫达（Komoda，1986）认为，创新扩散效应本质是技术引入地区或企业对技术引进的一种能力体现。余迎新和许立新（2002）认为，科技空间扩散是创新中枢通过多种方式向潜在采用者的传输、溢出、普及的过程，潜在采用者评估、选择、引进、消化和再创新的主动创新活动，进而促进区域科技与经济一体化发展。

（3）创新协同效应。陈劲和阳银娟（2012）认为，科技创新是以知识创造为核心，通过生产企业、政府部门、研发机构、社会组织等相互协作开展大跨度的创新活动，从而实现重大科技创新的突破，产生创新协同效应和创新经济效应。陈光（2005）基于企业协同创新的角度考察，认为企业创新是以创新资源整合为导向，以提高协同创新能力为核心，通过核心要素和支撑要素之间的相互协作实现企业协同创新效应的最大化。张玉臣（2009）认为，创新是一个由技术知识产生发展、转移进化及不同要素或资源之间融合以实现其价值的复杂过程，完整高效的创新应建立在不同主体协同的基础上。金林（2007）认为，协同创新是在不同创新主体、不同创新资源和不同创新群体之间，通过科技中介为企业提供技术扩散、科技转化和创新服务，推动科技融合和技术产业化而形成的一种协同化状态。齐绍平和张婧（2013）认为，协同创新是创新体系的一种新思维新模式，核心在于对区域创新要素和资源的有效集聚及共生效应的产生。

（4）经济增长效应。罗默（Romer，1987、1989、1990）建立知识积累型内生增长模型，认为内生的技术进步是保证经济增长的源泉，而知识积累和人力资本是决定技术进步的关键因素，他们具有收益递增效应，同时可以改变生产要素的结构产生规模报酬递增，从而保证整个经济长期增长。康胜（2003）认为，科技创新可以提高生产力、改变生产方式、更新思想观念、推动技术进步和完善经济制度，进而促进产业转型升级和经济长期增长。吴传清和刘方池（2003）认为，科技创新不仅可以整合创新资源、改变生产要素形态，而且还能调整产业结构、转变发展方式、促进经济转型升级。陈英（2004）认为，科技创新通过产品创新和过程创新，提高企业生产率，改变产品质量和差异化，因而能推动经济增长。吴江（2014）认为，科技创新通过生产函数实现，生产函数变化的直接结果是反映了资源的重新配置、产业结构的升级和产出的变化，进而促进经济质量的提升。

从微观、中观、宏观三个层面看，创新空间集聚效应、创新空间扩散效应主要基于创新要素和资源的集聚和扩散，应属于微观层面；创新协同效应主要基于创新主体的协作与创新环境的支撑，应属于中观层面；经济增长效应基于科技创新、技术进步对产业及经济的影响，应属于宏观层面。由于创新溢出是以创新要素的集聚为基础，在产生集聚效应后，通过空间邻近地区的相互作用使科技创新在区域之间溢出，创新集聚是创新溢出的前提，故本书把创新集聚放到创新空间溢出效应里一并论述，不再对其单独探讨，如图 3－1 所示。

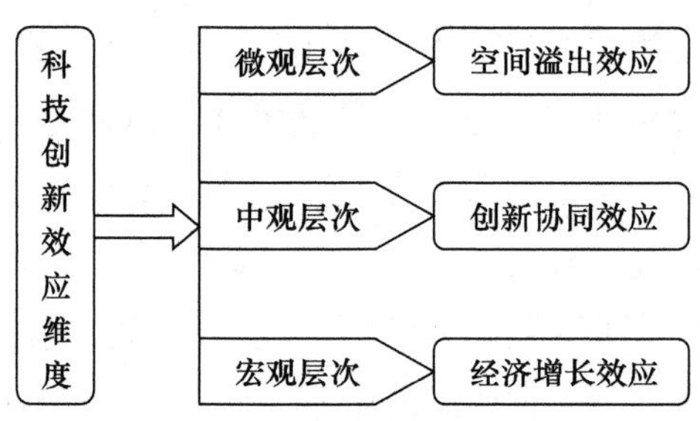

图 3－1　科技创新效应的维度划分

二、内涵一：空间溢出效应

关于创新空间溢出效应的研究，最早源于技术创新扩散理论、国际贸易理论和内生增长理论等。创新空间溢出效应是科技扩散效应和科技转移效应的总称，科技扩散效应是科学技术在转移及使用过程中所发生的超出主体范围的扩散，主要指当地企业通过模仿和引进、人力资本流动和关联效应提高自身技术水平，进而促进接受地科技创新发展的过程，属于非自愿行为；科技转移效应前提是技术交易、技术转让或内部化，技术通过某种渠道从技术供给方向技术需求方传播的过程，技术转移既可以在不同地理空间之间转移，也可以在不同群体、不同领域之间转移，属于自愿行为。

（一）创新空间溢出分为两大主题

创新空间溢出效应一般可以分为两大主题：一是创新随时间而展开的空间溢出模式；二是创新在空间范围内的推广、传播的空间溢出模式。从科技创新溢出过程看，科技创新一般经历“引入期、成长期、成熟期、衰退期”四个阶段，每个阶段紧密衔接、不断延伸，其演进过程呈非线性的、周期性的及反复曲折的轨迹（见图3-2）。丁焕峰（2006）总结了创新空间外溢效应的内涵：科技空间扩散是技术生产者通过一定方式把技术信息和技术成果向技术采用者传播和转移的现象，随着时间不断增加、空间范围和技术规模扩大而技术外溢效应逐渐增强的过程；科技外溢的结果会给经济社会发展带来深层次的影响；科技外溢的对象必须是新的知识信息或研发的技术及技术商品化的创新成果；科技外溢不仅是一个单独的现象，也是一个技术创新再扩大的演进过程；由于技术扩散与技术成果应用对社会环境和社会资源的需求不同，因而，它们对经济发展产生的影响也不同。Kokko（1994）、Wang 和 Blomstrom（1992）、劳尔（1980）、艾特肯和哈里森（1991）、李平（1999）等国内外学者都对创新空间外溢模式和溢出效应进行了深入探究，认为创新空间溢出有移植型模式和嫁接型模式之分。

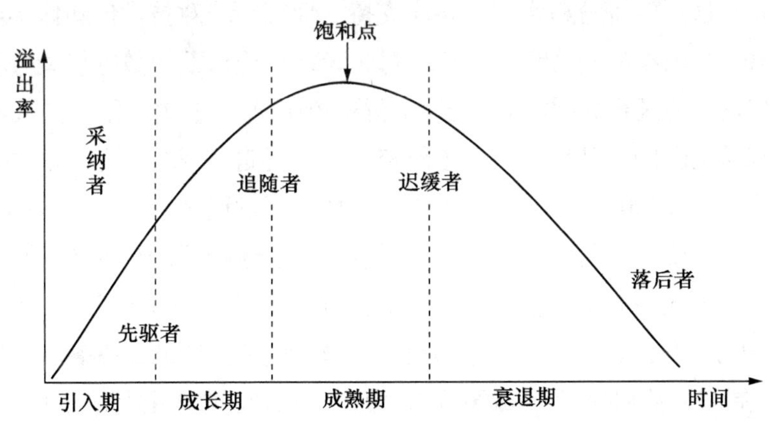

图3-2　科技创新的溢出过程

（二）创新空间溢出存在两条途径

从技术扩散规律看，创新在空间上会沿着两条途径向外溢出或扩散：一是产业内溢出，主要通过演示效应、培训效应、竞争效应，促进技术知识在关联产业内扩散与转移；二是产业间溢出，主要通过产业前向和后向关联，推进技术成果在上下游企业和侧向企业传播和扩散。冯根福和刘志勇（2010）详细探讨了我国三大地区技术在产业间转移的特征和趋势，发现技术在产业间转移较为显著。万珊（2012）从产业链的角度出发，验证了知识在产业链的转移要先于技术成果在产业链的转移，处于不同位置的企业技术转移效果不同。Keller（2002）研究发现，技术更容易在空间邻近地区的产业之间转移，且转移效果随着距离的增加而递减。周密（2013）研究发现，地区产业关联性是技术在产业间转移的主要原因，而技术在产业内的转移受产业链的紧密程度影响最大。鱼金涛（1989）认为，不同地区产业之间的“技术差”，是技术先进产业向技术落后产业转移和扩散的主要动力。

（三）创新溢出效应的影响因素

影响创新空间溢出效应的因素较多，可归纳为：技术及其技术创新体系、经济体制、技术信息市场、政策环境、企业内部条件等。符淼（2009）研究发现，研发经费外部性、人力资本流动及地理距离是影响技术空间溢出的主要原因。曹利民（2008）通过实证分析发现，政府支持、政策环境对技术创新体系建设及技术空间溢出的影响作用较为明显。李成刚（2011）通过面板数据模型分析，地区人力资本存量、地区开放程度对地区空间溢出效应非常显著。张海洋（2008）研究表明，市场化进程不仅有利于引进外资，也是促进技术空间溢出的决定因素。王海云和王建华（2004）认为技术优势差、技术开发程度、技术政策环境、技术吸收能力是影响技术在区域转移的主要因素。王珊珊和王宏起（2012）认为，影响技术溢出效率的关键因素是经济发展状况、市场环境、制度政策、技术发展水平等。王文岩和孙灵燕（2007）认为，影响技术扩散速度与强度的关键在于网络经济的产生和发展。饶睿和胡河宁（2007）认为，一个地区的文化观念、生态环境、制度规范也是影响技术空间溢出必不可少的因素。傅家骥等（2001）认为，经济结构、经济体制、企业组织结构、宏观政策是影响我国技术溢出的主要原因。

三、内涵二：创新协同效应

创新协同效应可分为外部和内部两种情况，外部协同产生于集群企业之间，由于企业相互协作共享资源、联合生产与应用技术，实现比企业单独运作更高的盈利能力；内部协同产业于企业内部，企业在不同环节、不同阶段共同利用同一资源而实现整体效应。近年来，国内外学者主要从企业、产业、区域等三个层面对科技协同效应进行探讨。

（一）创新协同效应的内在机理与特征

Buzzel 和 Gale（1987）认为，企业倾向于资源整合或生产重组是为了获得更多的利润，从而产生协同效应。Hiroyuki Itami（1987）认为，企业在不同阶段、不同时点进行战略组合会产生动态协同效应。波特（Porter，2005）指出，协同效应来源于两个方面：技术在相似价值链的企业之间转移和企业联合研发与共享科技成果。Meijers（2005）指出，区域不同主体通过调配或协同产生的作用大于单个主体各自作用的总和，强调的是区域的整体效应。当然，区域创新协同效应不仅体现在区域各不同主体上，也表现在区域不同要素、不同资源在运行过程中的协同。危怀安和聂继凯（2013）认为，区域协同创新体系存在系统性、复杂性、动态性的特征。刘丹和闫长乐（2013）指出，协同创新是一种基于网络的合作创新，协同创新网络是不同的创新主体参与的协同群体，协同创新系统具有开放性、统一性、动态性、自增益性的特征。崔永华和王冬杰（2011）认为，协同创新具有集成性、组织性、有机性、学习性等特征。

（二）创新协同效应的分类与维度

Ansoff（1965）把协同效应分为生产协同效应、销售协同效应、经营协同效应、管理协同效应四种（见图 3－3）。许庆瑞（2006）认为，创新协同效应是由价值创造和价值增值两个方面构成。陈劲（2006）认为，协同效应体现在技术创新协同、应用生产协同和市场销售协同三个层次。解学梅（2013）将区域科技协同效应分为四个维度："要素资源协同、生产方式协同、创新主体协同、空间布局协同"，其中创新主体协同效应又包括企业、大学、研发部门、政府机构、中介组织之间的相互协同效应，这四种协同效应从协同中心向协同边缘呈现出递减的趋势。张玉臣（2009）将区域协同效应分为技术知识认知系统的协同、组织制度网络的协同、经济能力主体的协同三个维度的协同，三个维度应该紧密联系在一起，围绕技术知识与能力流动，彼此适应、协调共生。

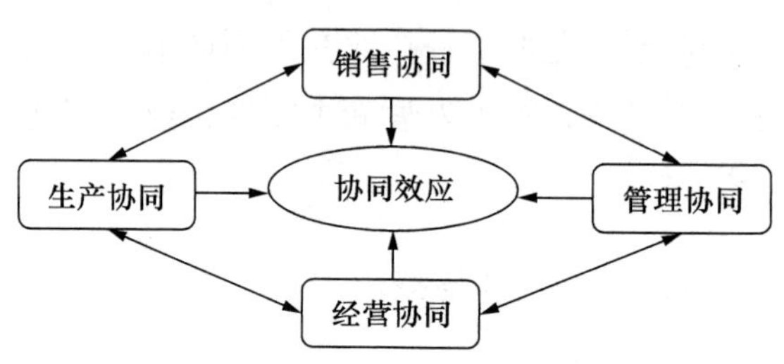

图 3－3　Ansoff 的创新协同效应分类

（三）创新协同效应的运行机制与影响因素

区域协同效应的运行机制是学术界关注和研究的焦点之一。协同效应的运行机制强调创新系统内不同主体、不同要素之间的运行方式、内在机理及控制规则，目的是实现创新系统协同合作及有序运行。蒂姆·欣德尔（2004）指出，企业可以通过共享有形资源、扩散技术、协调战略、垂直整合、与供应商的谈判和联合力量等方式实现协同。解学梅（2013）将区域协同效应的运行机制归纳为："自组织机制、耦合协作机制、驱动机制和协调机制"。危怀安和聂继凯（2013）认为协同机制直接影响协同效应的实现，将其概括为"动力机制、转移机制、过程机制、支持机制及产出转化机制"五个部分。此外，影响协同效应的因素也引起学者们研究的兴趣。汪传雷和熊月霞（2013）认为，影响协同创新效应的因素主要是知识运用、创新主体的创新能力与沟通协作能力、创新环境、创新绩效等。高建新（2013）认为，区域协同效应的产生是受多种因素的影响，主要涉及创新主体的学习能力、创新资源的协同能力、创新活动的驱动因素、区域宏观政策及经济发展水平等。

四、内涵三：经济增长效应

科技创新的经济效应主要是科技创新对地区技术进步、产业调整、城市化、经济发展等的影响和作用，不仅有总量贡献效应，还具有改善经济增长方式。在一定程度上加快科技创新，可以提高一个地区的生产效率和技术水平、推动经济结构的调整与经济增长方式的转变。本质上科技创新的经济效应大致体现在促进地区产业升级、推动地区经济增长、提高地区经济质量三个方面。

（一）科技创新促进产业升级

凌文昌和邓伟根（2004）认为，科技创新可以推动劳动密集型产业向资本密集型产业转换、继而向知识技术密集型产业转换，实现地区产业结构升级转型。宋亚非等（2005）认为，科技创新可以提高企业的生产能力、技术创新能力、获利能力及市场竞争能力，增强产业的管理水平，促进地区产业结构和产业组织合理化。吴江（2014）指出，科技创新对产业的作用主要体现在产业产出结构和技术结构的转化，即产业结构从低端粗放的形态向高端集约的形态演化，技术结构从依靠传统技术向更加注重高新技术的方向演进，实现产业科技化和高度化的目标。王瑾（2003）从区域的角度阐述科技创新对经济增长的影响机制，认为技术植入区域经济可以强化区域特色经济，推动区域产业升级和经济结构转变。陆国庆（2002）认为，各种科技创新行为及其组合作用，可使得产业的产出结构趋向高附加值化、技术结构趋向高科技化、市场及贸易结构趋向多元化，从而推动产业结构和产业组织的调整，最终实现产业升级转型。赵洪进和曾玲平（2010）认为，技术创新可以增加产品附加值，促进要素创新和资源配置效率提升，进而推动产业结构调整和经济转型。

（二）科技创新推动经济增长

科技创新对经济增长的影响，无论从时间和空间两个维度考察，还是从理论和实证两个方面考察，都是极为显著的。新增长理论认为，知识和人力资本积累是经济增长的源泉和动力。杨久炎（1995）认为，经济高质量的增长离不开科技创新和技术进步。顾海（2000）认为，科技创新会推动经济优质增长，科技创新作为推动经济发展的基础力量，主要在于它能提高劳动生产率及生产要素的边际生产率和整体利用效率。范柏乃（2003）认为，科技创新作用于经济增长的实现机理主要体现在四个方面："提高产品技术含量、增强企业核心竞争力、优化和提升产业结构、烫平经济危机周期"（见图3-4）。纪玉山和吴勇民（2007）认为，科技创新可通过宏观机制传导和微观机制传导推进技术进步和经济增长，是经济长期增长的重要推力。吴建新（2007）通过时间序列实证分析，验证了科技创新和经济增长之间存在显著的因果关系。李正辉和徐维（2011）建立面板数据模型，发现科技创新对区域经济增长具有明显的带动作用，且在邻近地区存在空间溢出效应。万勇（2011）认为，科技创新通过微观和宏观两条途径作用于经济增长，通过改变需求结构、产品结构和就业结构，促进创新产品消费增加和供应增加，进而推动区域经济增长和经济结构优化。

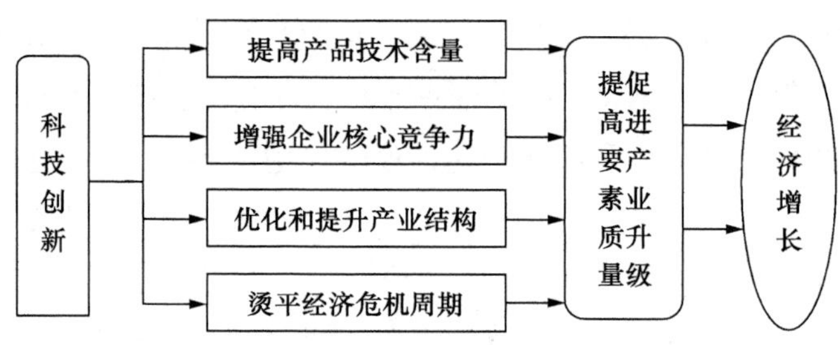

图3-4 范柏乃的科技创新作用经济增长的实现机理

（三）科技创新促进经济转型和质量提升

科技创新作用于经济转型的机制包括四个方面：优化生产要素组合、提高产品性能和生产效率、促进人力资本积累和技术进步、推进技术扩散和经济机构转型。张越川、罗毅和王肃清（1998）认为，科技创新是转变经济增长方式的内在要求和重要路径。苏武骏（2001）认为，加快我国经济增长方式转变，提高经济发展质量，最根本、最核心的因素就是促进科技创新。赵冬初（2009）认为，科技创新可以促进产业结构、要素结构、需求结构及投资结构优化，进而促进经济发展方式转变。万勇（2011）认为，科技创新通过提高劳动者素质、资源利用效率及企业技术水平，促进资源要素配置效率提升，加快技术扩散和企业模仿，推动经济增长方式转换和质量提高。张建伟（2014）从全国层面、区域层面、行业层面等实证检验科技创新与经济转型的关系，发现科技创新在不同程度都促进经济转型。

总体上看，科技创新对经济的影响有量的增加和质的提升两个方面，科技创新与经济增长的关系极为密切，对促进经济转型的效应极为明显。

第二节　溢出效应、协同效应与增长效应之间的互动机制

一、创新溢出与协同创新的互动机制

（一）创新溢出促进协同创新的形成

科技创新空间溢出效应是区域创新中枢或邻近技术在地区间、地区内及不同主体间的充分流动和扩散，实现区域内技术动态的供求平衡和技术融合发展，同时也为社会带来间接的经济效益和社会福利的增加。依据溢出的空间表现，创新溢出包括点溢出、链溢出和面溢出。科技的空间溢出会提升邻近区域的技术发展水平，加快创新资源和要素在区内转移和整合，促进企业、科研院校、政府单位和社会组织等创新主体的协作，通过交互和协同构成稳定的技术链、产业链、知识链和价值链，从而结成动态稳定的协同关系。科技创新空间外溢会促进区域科技协同效应的产生和形成，协同效应产生的关键和前提需要创新外溢效应的发挥。

（二）协同创新反作用于创新溢出

区域协同创新是区域协同发展和一体化发展的趋势和要求。协同效应的产生需要创新要素趋同、创新资源共享、创新链顺畅、创新主体协作、创新环境一致，但由于区域之间各创新主体、科技水平、创新环境的复杂性和动态性，客观

上存在技术优势差、知识断层等特征。因此，协同效应的实现需要创新要素在区域内自由流动与整合，科技资源、科技人才在区域内的重组和扩散，需要科技成果的共享和技术的交融。可以说，协同效应的发挥对外溢效应有更高的要求，需要区域形成长期稳定的技术扩散机制。

二、创新溢出与经济增长的互动机制

（一）创新溢出推动经济快速增长

技术外溢通过前向和后向联系的技术扩散，可以加速产业配套和产业规模的形成，提高相关企业技术水平和改善产业结构，提高产业竞争优势。技术溢出也具有学习效应和竞争效应，为流入地企业提供很好的样本示范，企业可通过技术模仿、改进生产，实现自主创新。同时，本地企业通过“干中学”不断向技术扩散地学习先进技术和管理方式，提高自身生产率。技术外溢还可以扩大人力资本积累，改善本地人力资源数量和质量，提高对技术和知识的吸纳能力。这些充分表明，创新溢出和技术扩散可以提高本地区的技术水平，促进科技进步和经济发展。技术外溢对经济发展的积极效应是显而易见的，已成为地区经济增长的重要途径。

（二）经济增长需要技术引入和创新外溢

新增长理论核心思想是将知识和技术进步作为经济发展的源泉，认为经济增长是经济系统内技术变动影响的产物，强调知识溢出、技术转移、人力资本积累等关键问题。加快经济发展方式向创新驱动转型，提高发展质量和效应，需要科技创新和技术外溢作支撑。引入先进技术、接纳技术溢出是发展中国家（地区）经济发展的关键。建立和创新源的直接联系，提高技术溢出的效益、获得技术成果转化的优先权，可以占领技术产业发展的高地。同时，促进经济稳定增长和质量提升，加快改造传统落后产业，提高科技产业的核心竞争力，建立先进技术的引入机制必不可少。因此，科技创新经济效应的发挥，需要创新外溢、技术扩散作支撑。

三、协同创新与经济增长的互动机制

（一）协同创新推动经济均衡增长

依据协同学理论，协同效应所体现的共生关系是一种有序稳定结构的状态，从经济学角度讲就是一种“均衡”的稳定状态。均衡意味着经济系统基本上达到一种最优化的运行状态，实现了资源、要素、技术的重新组织和最优配置，带来“合作剩余”，最大限度释放创新潜能，进而推动整体技术进步和经济发展。协同创新依赖于创新要素共享、创新资源整合和创新主体协作，协同创新的形成有利于创新链协同、创新能力整合，实现技术扩散和创新效率提高，最终会极大改变发展方式和经济结构，推动经济均衡高质量发展。

（二）经济发展需要协同创新做支撑

随着经济科技的融合发展，科技合作与协同创新成为区域发展最活跃的领域，成为培育新增长极和加快经济转型升级的主导力量。由于区域经济发展的复杂性，各地区科技、人力资源、产业存在一定的梯度性，科技协同创新与经济融合发展愿望强烈，协同创新可以促进科技创新体系的完善，提高科技协同配置能力，推进区域科技经济融合发展。同时，区域整体的协同效应远高于各地区自身协同效应的总和。为此，区域经济的发展愈来愈重视创新协同效应的实现，协同创新也成为区域经济发展的关键环节。

第三节 科技创新效应形成的内在机理及逻辑关系

一、溢出效应：空间作用、非均质性与技术溢出

（一）空间的相互关联是创新空间溢出的必要条件

创新空间的关联作用是技术在空间扩散和传播过程中的相互制约、相互依

赖、相互联系的互动作用。由于区域内各地区之间存在经济技术发展的不平衡性及自然、生态、资源的不均衡性，在区域相互作用下，会造成区内信息、人才、技术、资金、商品等要素的空间流动。区域空间的关联作用是实现科技创新在空间溢出的基础和前提。区域内资源要素的流动客观上可以带来直接的或间接的技术空间溢出。从创新系统论看，区域创新体系是由相关要素资源组成、具有开放边界的创新系统，是依托科技研发和技术应用而形成的创新扩散网络，与外界存在着知识、技术、能量和信息的联系和主体的互动。对于一个技术扩散场域，这种要素交流与主体互动体现在场域的空间关联作用。技术扩散场域的空间相互作用保证了区域创新系统必须具有开放性，这为创新极向外围地区技术扩散、创新效应溢出提供了条件。可以说，创新空间之间的相互关联成为区域科技溢出顺利实现的必要条件。

（二）区域空间的非均质性决定创新空间外溢的非均衡性

由于创新场域内各区域的自然资源、基础设施、经济发展水平、人力资源状况、技术条件、资金设备、制度环境等存在巨大的差异，这些都体现了区域空间的差异性。这种区域空间非均质性导致科技创新必然是在非均质空间上进行转移、传播和扩散，形成特有的创新空间溢出路径。空间外溢过程中，科技创新又受到时间因素、环境因素、市场因素的综合影响，在空间外溢上并非同步、非均衡地扩散，而是呈现复杂多变的扩散模式。一般情况下，创新空间溢出随着距离的增加而呈现递减的规律，距离创新源较近的区域更容易接收到信息、技术，使他们在技术溢出中具有相对其他区域的溢出优势，从而往往更快吸收技术创新，产生技术外溢的邻近效应。同时，创新空间溢出包括等级、轴向、集聚三种效应。等级效应即技术扩散从创新高等级（创新中枢）向创新低等级（创新节点）扩散、转移和推广，空间上表现出间断性；轴向效应即技术扩散沿着交通轴或技术经济发展轴带传播和转移，从而有利于科技带的形成；集聚效应即技术直接在技术开发区、科技成果转化园区等聚集，从而可以产生示范效应。

（三）区域环境的动态性决定创新空间溢出将是一个不断演进的过程

由于相关因素的演变及区域环境的动态变化，科技创新的空间溢出是一个典型的持续过程，其扩散速度、扩散率及扩散模式与时间变化存在密切的关系。20

世纪 80 年代后，对科技创新溢出的研究更加注重创新溢出的演进，演进观强调创新系统内各主体、各部分、各要素及各子系统之间的演进发展，打破早期仅仅从静态角度研究创新扩散的思维模式。在研究创新系统扩散时，充分考虑到系统环境的改变、技术与产业的关联、经济结构的变动等众多动态因素，从而能够综合反映出创新空间溢出内在的本质特征和演进过程。由于创新空间溢出过程与区域环境的动态变迁息息相关，创新空间溢出也衍生出不同的溢出层次、溢出模式、溢出机制。从溢出层次看，有宏观溢出和微观溢出之分，宏观溢出是指科技在区域间和国际间的溢出；微观溢出是指科技在区域内或产业内的溢出。从溢出模式看，创新空间溢出模式分为扩展模式、等级模式和位移模式等，扩展溢出模式主要是科技从扩散源域向周围扩散汇域的连续性溢出形态；等级溢出模式是科技从高等级区向低等级区进行跳跃性的溢出形态；位移扩散模式是创新拥有者随着时间向创新吸收者进行的空间位移扩散形态。此外，空间溢出机制是引导知识传播和技术扩散的运行机理和制度，包括空间溢出的驱动机制、需求机制、市场机制、激励机制等。

二、协同效应：共同需求、资源重组与利益协调

（一）拥有共同的创新需求和目标是实现协同创新的前提

随着科技和经济的飞速发展，科技创新的组织形态和活动方式发生了深刻变革。在内外环境的综合作用下，创新不断演进发展，过去单向的线性创新模式已显露出更大的局限性，集成网络化和协同合作的非线性创新已成为主流模型。区域协同创新是创新的高级阶段，需要凝练共同的创新需求、集聚分散的创新资源、协调不同利益的创新主体，使创新系统形成一个稳定有序化的协同状态。从创新主体看，随着科技竞争的加剧，创新过程面临的问题愈加复杂，单一创新主体很难解决现实遇到的创新问题，这需要区域内不同核心能力的多个创新主体通过耦合协同或联盟协作的方式实现重大科技问题的攻关和开发，实现各方优势互补和资源整合，产生更大的协同效应和整体效应。从创新资源看，由于区域内各地区和不同创新主体拥有的创新资源配置不均衡，迫切需要创新资源共享共用，如高校和科研机构拥有完备的人力资源和技术知识，创新迫切需要分享和扩散，

科技成果迫切需要转化；企业科技研发能力不足，人才、技术相对匮乏，迫切需要与科研院校技术合作。从创新目标看，促进创新资源重组和成果开放共享、协同突破科技攻关实现区域共同创新目标，是科技创新发展的新方向。由于各区域、各创新主体的创新动力和利益诉求不同，如果没有区域统一的科技规划和制度设计，很可能产生零和博弈，导致区域的非理性行为和整体利益的最小化，不利于区域创新共同目标的实现。为此，迫切需要各创新主体从实现单方面目标向区域共同目标而转变，推进创新要素的整合、创新资源的流动与共享、创新活动的同步，以便形成区域协同创新格局，提升区域整体的协同效应。

（二）资源重组、主体协作是实现协同效应的有效路径

从20世纪60年代起，科技创新类型大致经历“技术推动型、市场拉动型、耦合创新型、功能集成型、系统网络集成型”五个阶段，每个阶段的科技创新又呈现出不同的特征，从而推动区域创新的不断演变。协同创新是一项复杂的创新组织方式，通过各要素资源的重新组合，突破创新发展的壁垒和瓶颈，推进技术知识系统、组织制度网络、经济能力主体的协同，实现创新系统协同效应的最大化。从系统性看，协同创新的系统性体现在组织结构、运行方式、协同效应三个方面。区域创新总系统由若干子系统构成，子系统又可细分为更多的子子系统或要素，而各子系统之间、各横向能力要素之间相互联系、相互制约又会形成新的创新网路；协同创新系统并非各要素的简单叠加、各创新主体的单独运行，而是各要素资源的多样化协作、各子系统的协同参与，其系统运行方式、运行路径都表现出统一性；创新系统的协同运行有利于协同目标的实现和协同效应的产生，且各协同效应之间具有内在紧密的逻辑关系，由此构成协同创新的系统性。从动态性看，协同创新的实现需要打破资源要素在各主体、各层次、各领域之间顺畅流动的障碍和壁垒，实现区域内创新资源优化配置和充分利用；由于不同创新主体及创新子区域的创新使命及创新属性不同，客观上有需要不同的创新模式和创新路径，即使同一创新主体和区域，在不同的时期创新模式也具有差异性。从复杂性看，由于创新要素的多元性、创新主体的多样性及协同效应的整体性决定了协同创新具有复杂性。协同创新某一目标实现是多要素、多主体通过复杂的非线性作用而产生的，并非是某一要素、某一主体的简单线性作用的结果；协同创新的总体目标并不是单一目标的简单叠加，而是协同效应实现最大化的有机集合

体。总之，重组区域创新资源、实现创新主体分工协作、激发区域创新合力，对提升区域创新协同效应至关重要。

（三）协调创新利益是提升协同效应的重要保障

当前，我国创新力量主要分布在企业、大学、科研单位三大群体，各自独立运行、自成一体，创新资源封闭、分散，缺乏协同合作，各方利益难以统筹，科技管理低效，制约区域整体的协同创新效应提升。协同创新失灵表现在三方面：

首先，管理隶属的隔阂。由于同行业、同部门的行政隶属影响，纵向资源获取较多，但不同部门、不同行业缺失互动协作，导致横向资源获取较少，不利于科技资源的共享和学科的交叉融合，重复研究弊端突出，协同创新障碍较多。

其次，各创新主体利益不一致。企业作为自主创新的主体，研发积极性提高，但企业以追求经济利益、市场效益为目标，主要侧重应用研究，在基础性研究、前瞻性研究方面仍缺乏动力；高校在研发方面主要侧重基础性、前瞻性研究，对市场的需求了解不足，缺乏科技成果转化的引导；作为官办的科研机构，研发动力介于两者之间，侧重重大科技创新攻关和国家创新体系目标的实现，由于不能与企业、高校的目标有效协同，对整体协同效应的发挥也无能为力。

最后，资源要素与成果共享存在壁垒。由于企业、大学、科研单位的创新导向和利益追求不一，尚未形成互动协作、分工合理的创新格局，科技资源分散，创新力量独立，科技资源和科技成果在共享共用上存在壁垒，严重削弱创新活动协同合作与联合攻关的运行，导致整体创新效率不高。

总之，各区域、各创新主体、各要素的有机结合不够，未能形成区域统一的、有机的创新链和价值链。究其原因，主要是仍未破除创新体制机制上存在的壁垒和障碍，影响区域创新协同效应的发挥。因此，实现协同创新，关键在于科技体制机制改革，建立科技创新的协同机制，统筹协调各创新利益，推动科技资源开放共享，优化创新系统模式，最终提高区域整体的创新能力。

三、增长效应：创新驱动、创新效率与集约增长

（一）创新驱动是推进经济持续增长的必然选择

科技本质是创新，创新是力量之源、发展之基。创新是当今科技经济发展的主旋律，也是提升一个地区（国家）科技实力和竞争力的战略基点。创新驱动的实质是“依靠自主创新，促进技术进步，充分发挥科技创新对经济社会发展的引领和支撑作用，提高科技进步对经济增长的贡献度”，推进社会生产力发展和劳动生产率提高，实现经济社会持续稳定发展。实施创新驱动，是国际科技发展和提升国家综合实力的战略选择和根本路径。当前国际竞争日益加剧，科技创新呈现出新的发展态势，各国纷纷把创新驱动摆在更加突出的地位，积极攻克关键技术、推动智能型新兴产业发展，激发经济发展活力和掌握全球科技竞争的先机。世界科技创新的深刻变革，逐渐改变产业、经济和社会发展的结构和形态，这对我国科技创新发展也提出了迫切要求。我国传统的高投入、高耗能、低效率、轻科技的发展模式渐入瓶颈，急需加快科技创新，提高社会生产率，突破加大科技对经济发展的贡献，促进产业优化升级和经济发展方式转变，增强经济发展的内生动力。未来是我国经济结构调整、提升发展质量和效益的关键时期，但经济发展仍面临一些突出的问题和矛盾，特别是资源配置扭曲、结构性产能过剩、区域发展不平衡、资源环境约束趋紧等问题仍未解决，迫切需要通过创新驱动发展，推动以科技创新为核心的全面创新，促进人口经济与资源环境均衡持续发展。

（二）科技创新是经济发展的根本动力

企业是科技创新的重要主体，推进企业科技创新、加快技术研发和科技成果转化，可以使企业掌握核心知识和关键技术，提高企业劳动生产率和发展活力，降低企业生产成本和商品市场价格，进而获取超额利润。在创新驱动的背景下，企业生产能力日益扩大，生产经营规模也会扩大，产品的市场占有率与竞争力逐步增强，形成规模经济效益。由于科技创新会给企业带来超额利润，其他企业会对科技创新竞相模仿，进而在社会上催生出一股创新浪潮，并且使创新在区域范

围内集聚。企业的本质是不断追逐超额利润，以保持其技术、市场上的领先地位，又会产生新一轮的模仿与创新集聚，促进技术空间扩散和企业创新集群的形成，进而缩小地区间企业的技术差距。同时，科技创新也会催生一批新兴产业的兴起，特别是新材料、新能源、生物技术及信息技术的发展，促进新技术的产生和应用，通过科技创新与新产业的结合，提高产业的关联效应，推进技术向集成网络模式创新。随着企业创新水平的提高，也会带来新一轮的产业革命，促进传统产业转型升级，延长企业价值链，提高产品附加值，促进生产智能化、制造高端化、组织网络化，增强科技创新对产业发展和经济转型的支撑力。同时，实现全球范围内的资源优化配置，促进全球产业链、营销网络和服务体系的形成，完善现代产业服务体系。可以说，科技创新是产业结构调整和经济发展的核心动力，没用科技创新的引领和支撑，区域经济持续稳定发展不可能实现。

（三）科技创新提高经济发展的质量和效益

科技创新不仅可以推进产业升级与经济结构调整，还可以实现经济集约增长与智能发展，提高经济发展的质量和效益。集约增长是经济增长要更多依靠生产要素质量和使用效率的提高或引入新的生产要素等，实质是以提高经济增长质量和效益为核心，这需要通过科技创新和技术进步实现。科技创新有利于开发新的生产要素和提高要素的利用效率，促进有形生产要素优化组合和反复循环使用，摆脱对传统生产模式的路径依赖，推动经济增长方式由速度规模型向质量效率型转换，经济发展动力由资源优势、成本竞争向质量创新、品牌创新、服务创新的竞争，提升经济发展的质量和效率。科技创新有利于推动技术进步、管理创新，提高人力资本素质和生产效率，创造和培育新的增长点和新业态，促进经济结构优化与经济发展阶段转换，优化经济发展格局，提升比较优势和国际分工地位，引领现代产业体系的建立。科技创新可以提高资源的利用效率和配置能力，还可以因为新技术的开发和使用从而减少污染物的排放，寻求替代新能源，缓解资源、能源与环境的瓶颈制约，倡导节约能源资源的生产方式，最大限度地保护生态环境，增强区域经济可持续发展的能力和潜力。毋庸置疑，科技创新在促进区域经济集约增长，提升区域竞争力和可持续力方面的作用更加突出。

第四节 京津冀科技创新效应的理论分析框架

在梳理清楚科技创新效应的内涵特征和逻辑关系后，本书建立一个京津冀科技创新效应的理论分析框架，将科技创新效应的实现划分为三条路径：微观路径——科技创新的空间溢出效应；中观路径——科技创新的协同效应；宏观路径——科技创新的经济增长效应。三条作用路径均从时间和空间两个维度出发，通过纵向演化分析和横向比较分析，深入探讨京津冀科技创新效应的制约因素及实现路径。

一、微观路径：要素集聚、空间势能与制度环境影响创新溢出

微观分析路径主要以微观创新主体为导向，以创新要素、影响因素为基础，沿着“创新要素集聚—科技创新绩效—空间势能—制度环境—空间外溢效应”的路径展开，探讨京津冀科技创新的空间集聚和空间溢出效应。

第一，创新要素集聚是影响区域科技创新的基础。创新要素集聚是指与创新相关的科技资源、要素和能力，向特定的区域、产业或部门进行汇集或整合以便产生创新效能，是实现科技创新的基本因素。企业、大学、科研单位等创新主体是区域创新要素最集中的地方，集聚地区大量的创新资源。通过引导和优化技术、人才、资金等创新要素在区域内有效整合与合理配置，促进创新要素在不同部门、不同主体之间顺转和对接，增强创新资源对科技创新的保障水平，提高创新资源配置效率和要素增值的依存性，从而提升地区科技创新效率及区域整体创新水平。

第二，科技创新的空间势能是区域创新空间溢出的前提。创新要素的空间集聚会通过技术溢出和空间扩散提升科技创新效率，但创新空间溢出的前提必须是区域各创新主体之间科技创新存在一定的空间势能。随着信息技术的迅速发展，地理距离及成本对创新空间溢出的范围和效应越来越不明显。Keller（2002）研究表明，科技的溢出具有时空性和局域性，随距离扩大和时间推移而逐渐递减。

科技创新的溢出效应是创新溢出的外部性，技术溢出也受技术扩散地和吸收地之间的空间势能、相互作用影响。不同地区的技术差距影响着技术扩散的速度和程度，区域创新空间溢出效应的实现需要技术溢出地区和技术转入地区双方的相互联系与共同作用。

第三，社会环境及政策体制是影响创新空间溢出的重要因素。创新在区域空间的传播及演进过程，受多种因素的影响。社会环境是影响创新溢出的最重要原因之一，社会环境包含政治制度、经济状况及结构、文化价值、市场环境、政策环境等。技术扩散需要良好的市场环境和国家特殊的政策支持；创新空间溢出过程需要建立相适应的完备的社会经济服务体系；创新扩散是在特定的时空条件下进行的，总是和一定的文化背景相联系；区域经济结构及产业变迁影响科技溢出的质量和效果。此外，区域资本也是影响创新溢出的原因，区域资本包括物质资本和人力资本，区域资本的存量和分布格局影响技术扩散的速度及技术扩散中技术的有效性，如图3－5所示。

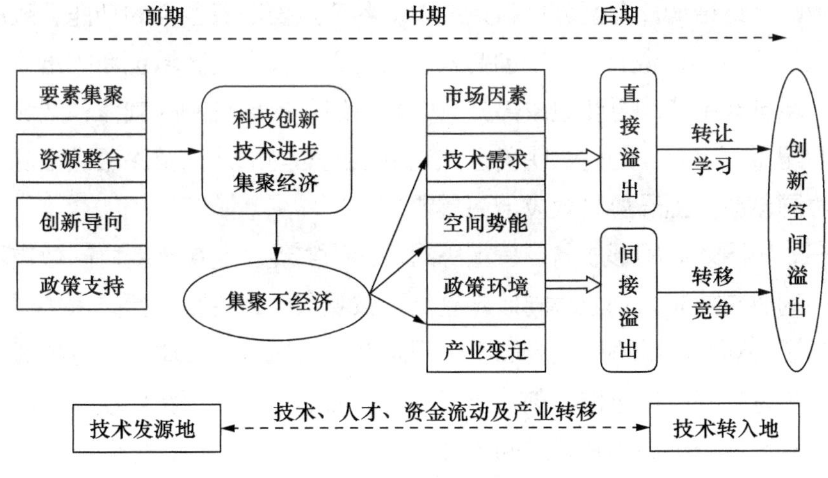

图3－5　创新空间溢出的路径与机理

二、中观路径：创新系统、内部结构与协同目标催生协同效应

中观路径从区域创新系统入手，沿着“创新创新系统—功能结构—要素特

征一协同实现机制一协同目标”的路径，探讨京津冀各子系统的有序性及整体性的协同度。

第一，区域创新系统是区域创新协同效应实现的载体。区域创新系统是区域社会经济系统的复杂子系统，是创新活动根植在一定区范围内，通过知识研发和技术创新、技术应用和创新扩散、知识配置和创新协同，形成一个复杂的、开放的区域系统整体。区域创新系统理论以要素组成论、复合系统论、创新网路论等为基础，区域协同创新依托区域创新系统，通过区域内的创新主体、知识生产、技术应用、资源要素、市场环境的协同，实现区域内各子系统及各功能要素之间的相互作用、相互协作，从而产生区域创新协同的整体效应。

第二，明确区域创新系统的要素特征和功能结构是关键。区域创新系统作为一种特殊的社会经济系统，有着独特的要素特征和功能结构。一般地，区域创新系统构成要素包括创新主体（企业、高校、科研机构）、创新资源、中介组织、金融机构、区域市场等，在市场机制的作用下，通过技术扩散、人才交流、资金配置、信息服务等，实现各要素、各节点有序联接与协作，共同构成联系紧密、利益一致的网络结构。在区域创新系统中，各节点扮演着各自的功能，政府是区域创新系统的中心；企业是区域创新系统的重心；大学是区域创新的母体；科研机构是区域创新系统的重要组成部分；中介组织是市场机制的载体；区域市场是创新资源配置的媒介。为此，明确区域创新系统的内部结构及深层次根源，对促进区域协同创新、提升协同效应至关重要。

第三，协同效应的形成需要多重协同目标的实现。区域创新协同效应不同于企业层面的协同效应，企业协同效应立足于微观层面，主要包括技术协同、生产协同和市场协同。区域协同效应属于中观层面，区域协同效应产生主要通过区域内各创新主体的跨区域协作、创新要素的跨区域配置，在创新环境和创新政策的支持下，实现整个区域创新系统的要素协同、主体协同、组织协同、空间协同等多维度目标，进而促进区域创新效应增值或协同效应最大化。如图 3 - 6 所示。

三、宏观路径：创新投入、技术进步与知识积累推动经济增长

宏观路径以区域整体层面为视角，沿着“创新要素投入一技术进步一知识积累一科技与经济增长的交互关系一区域经济增长”的路径展开，探讨京津冀科技

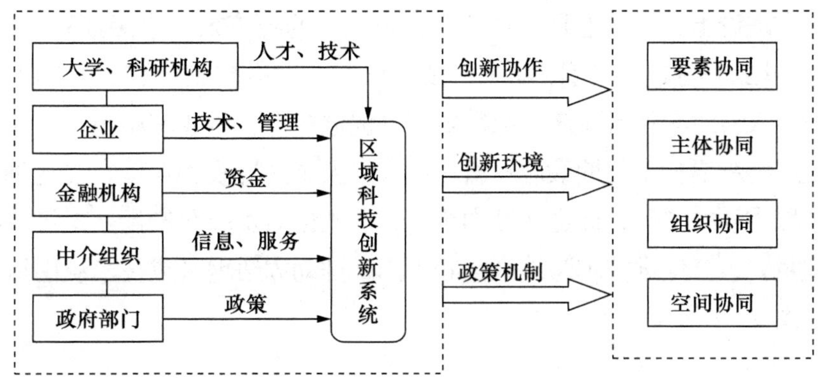

图 3-6 创新协同效应的实现机理

创新与经济增长的动态效应。

第一，创新投入是区域经济持续增长的重要推力。国内外经验表明，科技投入及创新组合对区域经济增长呈现明显的推动作用，科技投入的规模及结构，直接决定经济增长的速度与质量。科技投入主要是以人力资本和研发经费的投入为主，通过科技资源的投入，加快知识生产和传播、技术创新和应用，可以改变生产要素组合方式和技术投入结构，促进知识溢出、技术扩散、模仿创新，从而提高劳动生产率和企业规模效益，推动区域产业升级与经济结构调整，突破经济发展过程中的瓶颈，最终实现区域科技进步和经济增长。

第二，科技创新提高区域知识积累和技术存量。一个地区的知识积累和科技存量的增加主要来自于研发投入和国际技术溢出。研发投入和技术溢出可以增强知识创造和知识获取的能力，增加地区的知识积累，知识具有内在经济效应和外在经济效应，知识的内在经济效应能给企业带来垄断利润，为企业提供研发资金和创新动力，而知识的外在经济效应能使所有企业获得规模收益，为经济长期增长提供保障。科技创新可以加快区域内的技术流，提高区域的技术增量，增加区域技术存量并引导技术存量调整，是区域技术存量增加的重要源泉。总而言之，知识积累和技术存量是地区创新活动进行的所有内在资源的总和，也是区域经济快速发展的重要支撑。

第三，科技创新、技术积累共同作用地区经济增长。技术积累、科技进步已成为区域经济增长的强大引擎，从科技创新实现条件的角度分析京津冀经济增长的因素，在理论上和机理上是合理的。科技创新的经济效应有短期和长期之分。短期效应：增加科技投入可以提高科技产出，推动科技进步和生产率提高。同时，科技投入会对其他行业产生乘数效应，促进技术在行业间溢出，引致产出倍增进而促进经济增长。长期效应：科技投入扩大了其规模和存量，加速创新要素资源在区域内外的流动，促进区域内企业、产业创新发展而产生集聚经济和规模经济。同时，也会促进技术跨地区空间溢出，推动周边地区或技术溢出地区经济增长。如图 3 –7 所示。

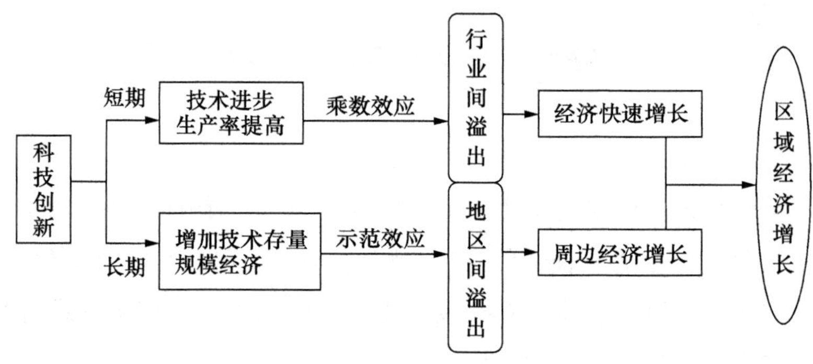

图 3 –7　科技创新作用区域经济增长的传导机制

本章小结

本章重点阐述了科技创新效应的内涵特征与维度划分，剖析了不同创新效应之间的互动机制及实现机理，构建了包括微观路径、中观路径、宏观路径在内的科技创新效应分析框架。科技创新效应是一个相对宽泛的范畴，国内外文献对其并没有明确的概念和内涵，很多学者从不同角度、不同层次对其进行定义和划分，其实质是科技创新各种效应的综合体现。

结合上文分析，首先，本书把科技创新效应划分为空间集聚效应、空间溢出效应、创新协同效应、经济增长效应四个维度，同时，对科技创新的溢出效应、协同效应、增长效应的之间的互动机制进行深入探讨。创新空间溢出有利于促进协同创新的形成，协同创新反作用创新外溢；创新溢出推动经济增长，经济增长需要技术引进和创新溢出；协同创新促进经济技术融合发展，经济发展需要协同创新作支撑。

其次，深入阐述了科技创新效应的作用机理和逻辑关系，外溢效应的形成主要通过创新要素集聚与资源整合，实现技术空间溢出；协同效应的形成主要通过创新协作，最大限度实现创新潜能释放，进而推动协同创新发展；经济增长效应的形成主要通过创新驱动，提高生产率和劳动者素质，最终实经济集约增长和效率提升。

最后，从微观、中观、宏观层面详细阐述了科技创新效应的理论分析框架，微观路径——要素集聚、空间势能与制度环境是影响创新溢出的核心要素；中观路径——创新系统、内部结构与协同目标是实现协同效应的核心要素；宏观路径——创新投入、技术进步与知识积累是推动经济增长的核心要素，并构建不同的检验方法和计量模型对三大效应分别进行实证分析，以期找出制约创新效应发挥的问题和障碍。

第四章　京津冀科技创新的发展现状：态势、能力与效率

第一节　京津冀科技创新的发展态势

实施创新驱动是提高京津冀创新能力和创新效率的战略选择和根本动力。近年来，京津冀科技资源投入大幅度增加，科技成果产出以较快速度增长，科技创新水平显著提升，科技创新呈现良好的发展态势。

一、科技资源投入现状

（一）科技经费投入大幅增加

研发经费是权衡区域科研活动规模、创新能力和科技水平的核心指标。京津冀的科研经费一直保持较高的水平，尤其是自2000年以来，随着经济实力的增强和发展高科技的需要，其研发经费投入呈现明显的上升趋势。从总研发经费看，京津冀三地R&D经费从2000年的206.7亿元增长到2013年的1895.0亿元，增长了9.17倍，研发经费强劲增长。京津冀R&D投入强度总体上呈逐年递增之势，2000年达到了2.08%，2013年上升到了3.05%，居于国际先进国家行列，基本上达到OECD国家的研发经费水平，如图4－1所示。

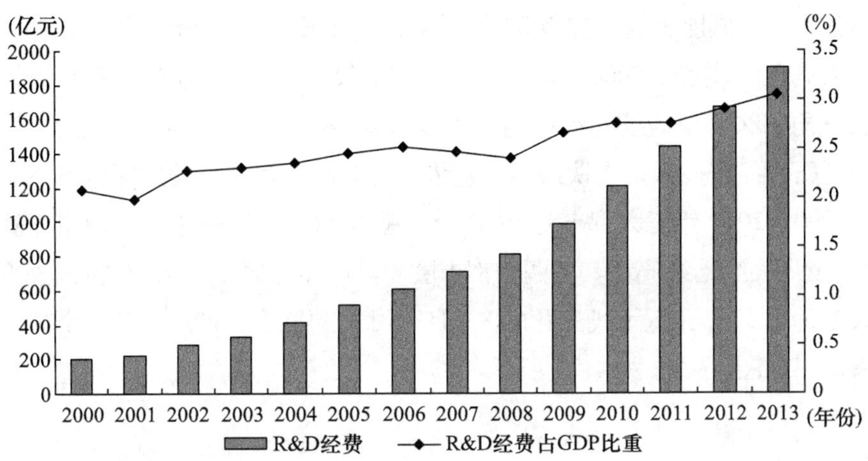

图 4－1　京津冀研发经费及研发强度的演变趋势（2000～2013 年）

从京津冀内部看，2013 年京津冀 R&D 经费占到全国总量的 16.0%，但内部分布极不平衡。2013 年，北京 R&D 经费投入为 1185.0 亿元，占京津冀总量的 62.5%，居三地首位，而天津、河北分别为 22.6%、14.9%，地区内部差距十分悬殊。2013 年，北京 R&D 经费占到 GDP 的 6.08%，远高于全国 1.9% 的均衡水平，达到发达国家水平，而同期天津为 2.98%，河北仅为 1.00%，究其原因，主要是由于高校及国有科研机构大都集中在北京，如图 4－2 所示。

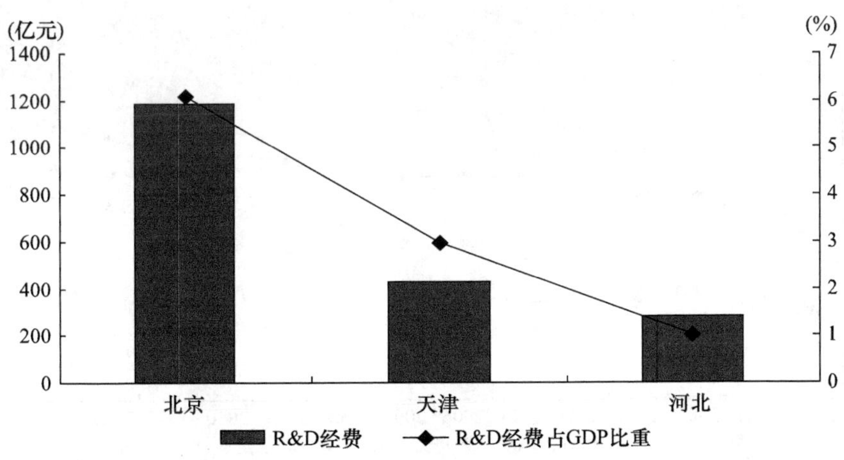

图 4－2　京津冀各区域研发经费及占 GDP 比重（2013 年）

从三大都市圈比较看，自 2000 年以来，京津冀、长三角与珠三角地区 R&D 经费投入均逐年增长，2000～2013 年京津冀 R&D 经费年均增长率为 18.58%，低于长三角和珠三角地区的年均增长速度（24.40%、22.15%）。相比之下，长三角地区研发经费投入呈现快速增长趋势，而京津冀和珠三角地区增长态势相对缓慢。2000～2013 年三大都市圈 R&D 投入强度均处于增长态势，但京津冀地区的 R&D 投入强度始终高于其他两个都市圈，其中京津冀地区 R&D 投入强度的年均增长率为 2.97%，低于长三角的 8.21%、珠三角的 6.68%，在三个地区中增长率最低，如图 4－3、图 4－4 所示。

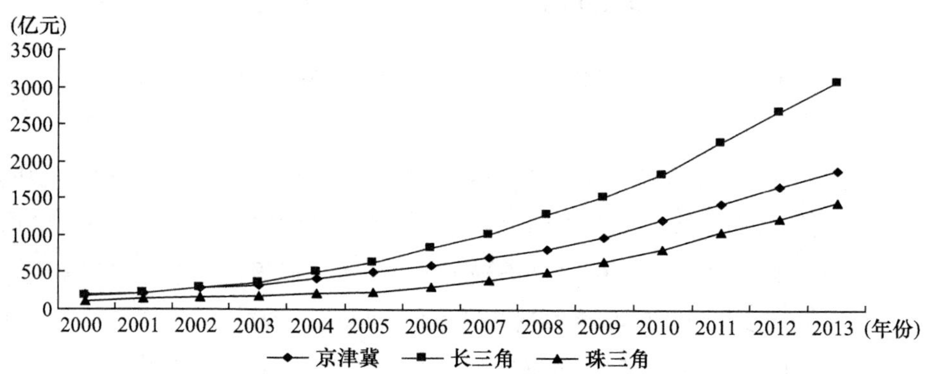

图 4－3　三大都市圈研发经费增长趋势图（2000～2013 年）

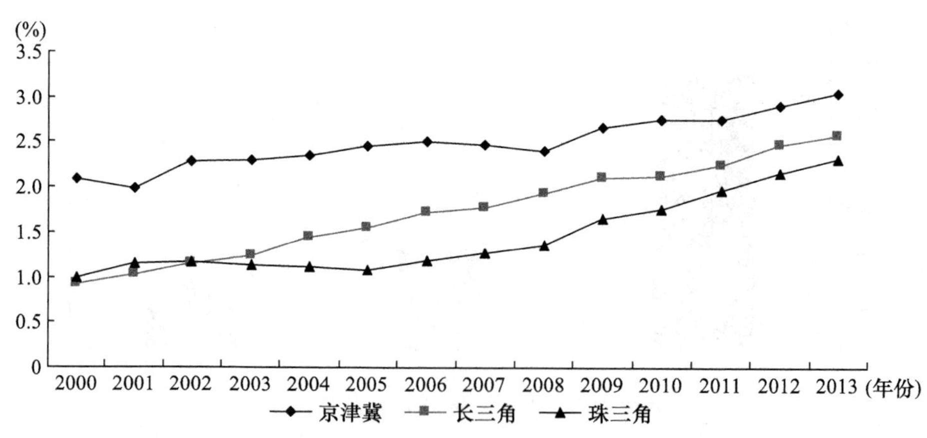

图 4－4　三大都市圈 R&D 经费占 GDP 比重（2000～2013 年）

从研发经费活动类型看，2013 年，京津冀基础研究、应用研究与试验发展的经费占总研发经费的比重分别为 9%、18% 与 73%，其中，基础研究比例最低，应用研究其次，而试验发展比例最高。京津冀各地区三类研发活动的经费比例存在较大的差异，天津和河北三类研发活动经费的比重相近，而北京三类经费比重却不尽相同。2013 年，河北试验发展经费占总研发经费比例最高，高达 86%，天津居中，为 83%，而北京试验发展经费占总研发经费比例最低，为 67%，反映出河北和天津更侧重于试验开发和技术转化应用的研究。与之相反，北京在基础研究和应用研究经费比例最高，不仅高于京津冀平均水平，也高于天津和河北的比例，表明北京在基础研究和应用研究投入较大，具有较强的知识创造和知识获取能力，而天津和河北相对较弱。除天津基础研究经费比例保持不变外，2004～2013 年京津冀整体及各区域的基础研究和应用研究经费比例呈下降态势，试验发展经费呈增长趋势，如图 4－5 所示。

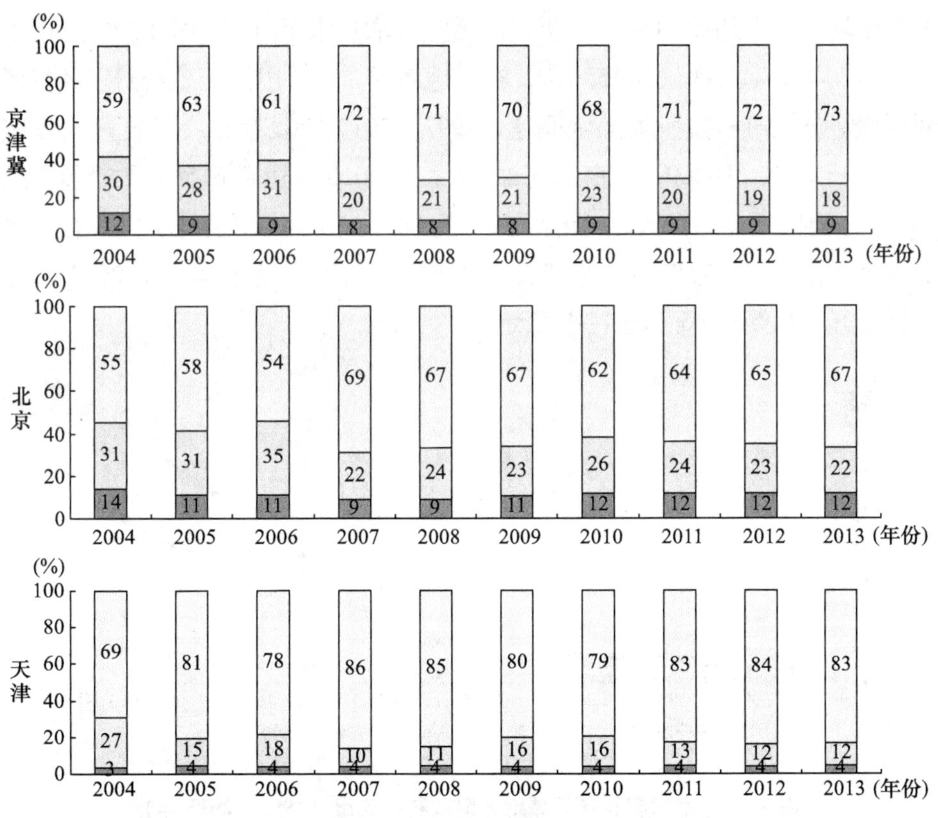

图 4－5　京津冀及各区域研发活动经费分配（2004—2013 年）

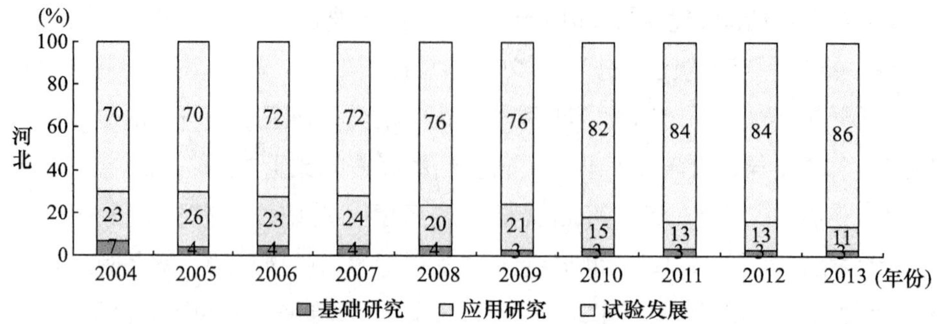

图4-5　京津冀及各区域研发活动经费分配（2004~2013年）（续）

从政府科技经费投入看，1997~2013年，京津冀地方政府科技经费支出呈稳步增长态势，尤其是2005年后大幅度增长。北京地方财政科技支出一直高于天津和河北，而河北政府科技支出在三地中最低。1997~2013年，北京政府研发经费年均增长率为26.1%，高于京津冀整体增长水平（23.3%），在三地中最高，而河北年均增长率仅为15.6%，在三地最低，反映出河北政府研发经费增长相对缓慢。就政府科技投入强度而言，1997~2013年北京政府科技投入强度整体处于上升态势，但2009年前后波动较大，在2010年达到6.58%的峰值，之后开始回落；相比北京，天津并未出现较大的波动，但政府研发经费投入强度增长态势极为缓慢；河北政府科技经费投入强度一直处于下降态势，但2012年后开始缓慢上升，如图4-6、图4-7所示。

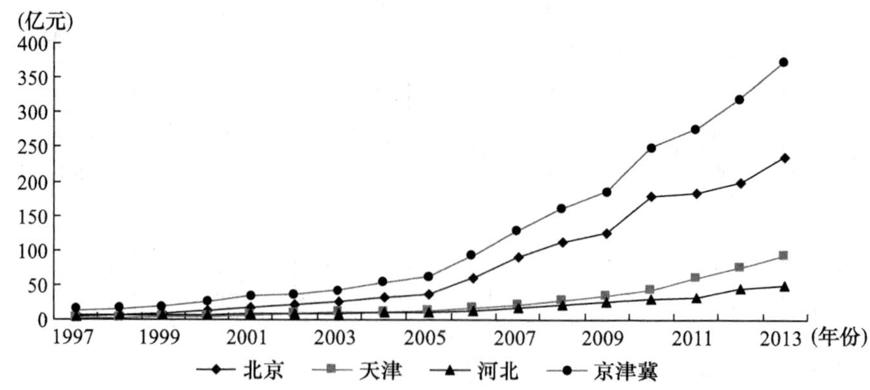

图4-6　京津冀及各区域地方财政科技支出（1997~2013年）

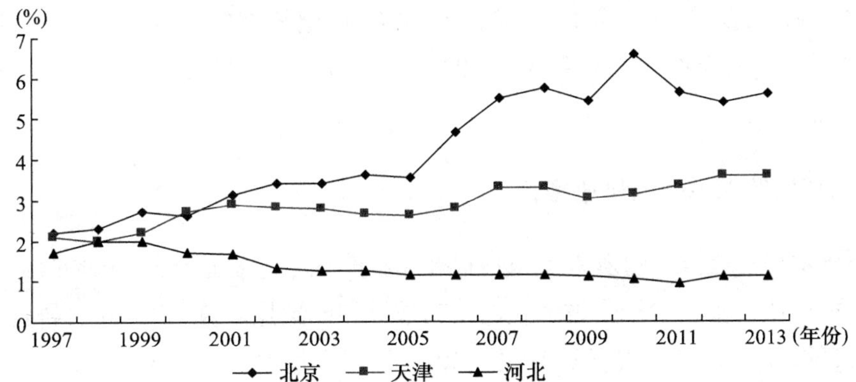

图 4 - 7　京津冀三地政府科技经费投入强度（1997 ~ 2013 年）

从研发经费在各部门分配看，京津冀企业部门研发经费占总研发经费比重最高，约为 50%；其次是科研机构，约为 35%；高校与其他事业单位合计约为 15%。从整体趋势看，京津冀各部门研发经费占总研发经费比例基本处于稳定状态。其中，企业研发经费占总研发经费比例在不同时期出现波动，但总体上仍在稳定状态徘徊；科研机构研发经费比例呈现缓慢下降态势；高校和其他部门则呈现缓慢上升态势，如图 4 - 8 所示。

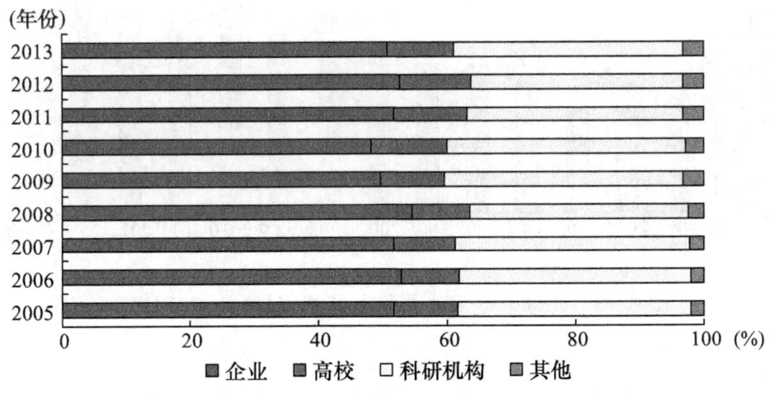

图 4 - 8　京津冀研发经费在各部门的分配（2005 ~ 2013 年）

此外，就研发经费的来源渠道看，2013 年，北京研发经费来源中政府资金占到 57. 34%，在三地中最高，而企业资金比例相对较低，仅为 33. 85%。天津与河北正好相反，2013 年，天津、河北企业出资的比例分别为 78.81%、84.15%，政府资金的比例分别为 16.97%、13.80%。同时，三地中来自境外研发经费的比例均较低。

（二）研发人员投入快速增长

与研发经费一样，研发人员也是科技活动的核心，是直接从事研究与开发活动以及参与科研管理的专业技术人员，其数量和质量是衡量一个地区科技创新能力的重要指标。从研发人员总量看，2013 年，京津冀三地 R&D 人员总数达到 43.17 万人（全时当量），较 2000 年增加了 28.1 万人，2000～2013 年，以 8.4% 的速度递增。2013 年，京津冀每万人拥有 R&D 人员数量为 39.5 人，比全国平均水平多 13.6 人，比 2000 年增加了 22.8 人。2013 年，京津冀女性研发人员占总研发人员的比重为 31.24%，年均增长率达到 12.80%，女性研发人员数量增长较快。从变动趋势看，京津冀研发人员总数曾在 2002 年达到峰值，2003 年有所下降，之后呈现平稳而快速的增长态势，如图 4－9 所示。

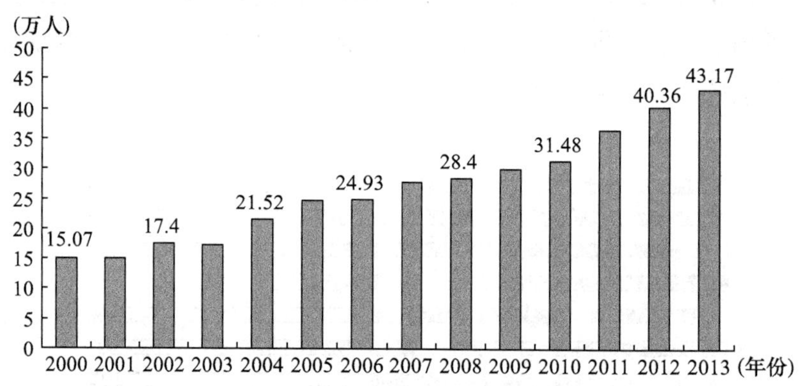

图 4－9　京津冀研发人员增长趋势（2000～2013 年）

从研发人员学历构成看，2009～2013 年，京津冀拥有博士学位的研发人员数量年均增长率最高，为 14.40%，占总研发人员的比例从 2009 年的 11.16% 增长到 2013 年的 11.94%。相比之下，拥有硕士学位和本科学位的研发人员年均增长率较低，且拥有本科学位的研发人员所占比重从 2009 年的 28.74% 下降到 2013 年的 27.80%。

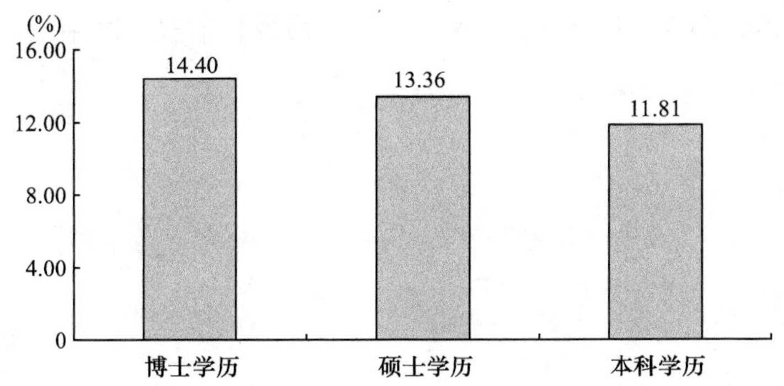

图 4－10　京津冀各学历层次研发人员的年均增长率（2009～2013 年）

从区域内部看，2013 年，北京 R&D 研发人员数量为 24.2 万人，占京津冀总研发人员的 56.08%，除北京一枝独秀外，河北和天津的 R&D 人数比重相对较低，说明两个地区研发人员供给相对不足。且 R&D 人员具有硕士和博士学历的人数及比重北京依然是最高的，而天津、河北 R&D 人员总数及学历层次均较低，进一步反映出京津冀地区科技资源分布及人力质量的配置失衡，如图 4－11 所示。

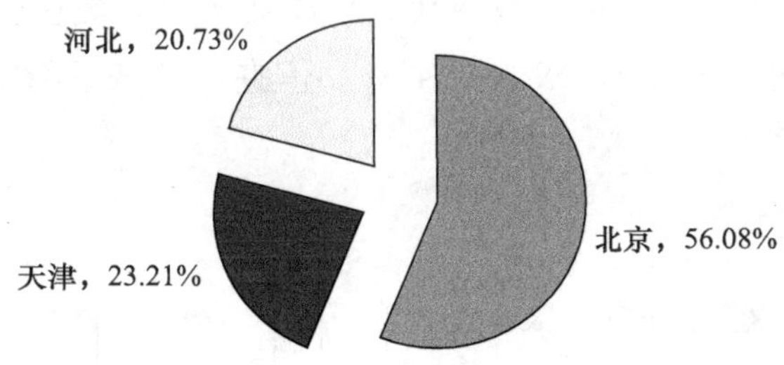

图 4－11　京津冀各区域研发人员构成（2013 年）

从三大都市圈中比较看，2006 年，京津冀、长三角、珠三角 R&D 人员数量分别为 24.93 万人、32.18 万人、14.72 万人（全时当量），京津冀研发人员数在三大都市圈位居第二；2010 年，珠三角 R&D 人员数量达到 34.47 万人，超过京津冀 2.99 万人，位居第二。从发展趋势看，2006～2013 年，京津冀研发人员数年均增长率为 8.16%，均低于长三角、珠三角的增长速度（16.60%、

19.15%），相比这两个都市圈，京津冀研发人员数量增长相对平缓，如图4－12所示。

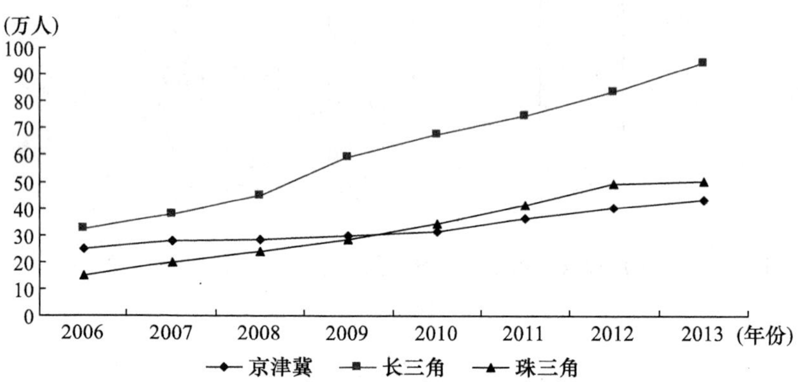

图4－12　三大都市圈研发人员数量比较（2006～2013年）

从研发人员在各部门分配看，2013年，京津冀研发人员有55.68%分布在企业，26.05%分布在科研机构，11.98%分布在高校，其他部门仅占6.29%。2005～2013年，京津冀研发人员在各部门分配比率在不同时期有所变动，但总体上是向企业和科研机构集中，2013年，京津冀研发人员在企业和科研机构分配比率比2005年分别增加1.13%、1.49%，但在高校却下降了2.29个百分点，如图4－13所示。

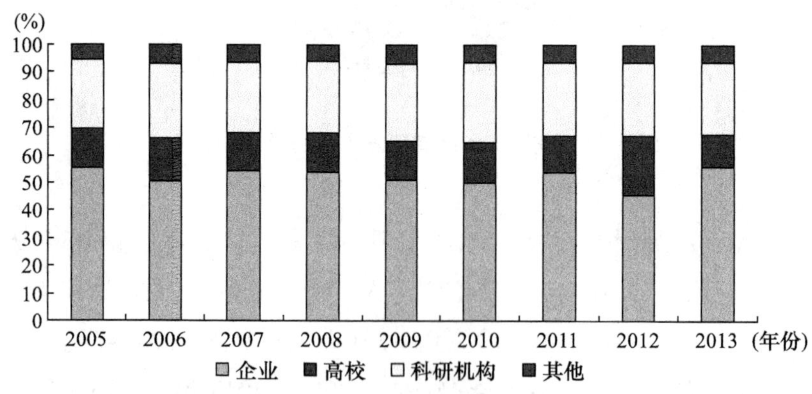

图4－13　京津冀研发人员在各部门分配比例（2005～2013年）

从研发人员活动类型看，2013 年，京津冀研发人员在基础研究、应用研究与试验发展三类活动的分配比例分别为 10.84%、19.87%、69.28%，试验发展占比最高，基础研究占比最低。就三地比较看，天津、河北试验发展研发人员比重较高，分别为 80.52%、79.89%，高于北京 60.70% 的水平，反映出天津、河北研发人员在试验发展领域集聚程度极高；北京研发人员在基础研究、应用研究占比较高，分别为 14.84%、24.47%，远高于天津、河北的水平。从演变趋势看，2005～2013 年，京津冀研发人员在基础研究活动中的比例变化不大，约占 11%；在试验发展中人员比例呈较快增长态势，2013 年比 2005 年增长 7.92%；在应用研究中人员比例却出现下降的趋势，下降了 7.75 各百分点，如图 4－14 所示。

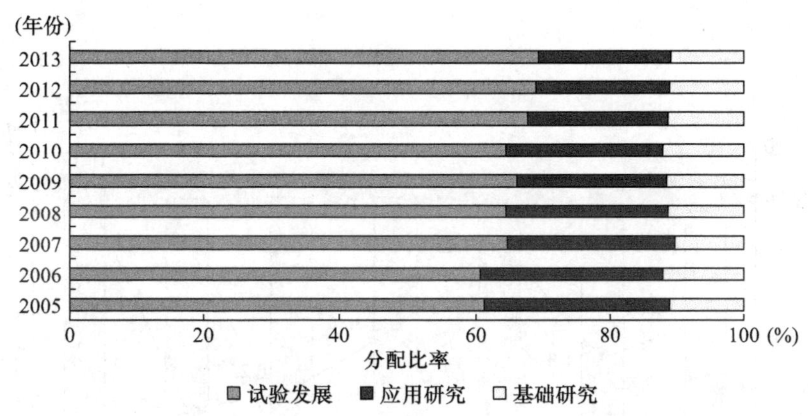

图 4－14　京津冀研发人员活动类型分配比例（2005～2013 年）

二、科技成果产出现状

科技成果产出的界定没有统一的标准，一般来讲包括科技资源直接产生的知识产出和间接转化的经济效益两个方面。直接的知识产出可以用科技论文、出版物以及代表科技创新的发明专利衡量，间接的经济效益主要体现在高技术产品及新产品的产值和销售收入、技术市场成交金额等方面。

（一）直接知识产出

科技论文是评判某一区域或国家科研能力和科技产出的起点。京津冀科技发展迅速，在科技论文产出水平位于全国前列。2007～2013 年，京津冀地区发表国内科技论文总数从 88119 篇增加到 109181 篇，年均增长了 3.63%，呈现出较快的发展态势，但各年份增长情况差距较大，2013 年增长最快，达到了 10.17%，2012 年出现负增长，反映出京津冀在科技论文产出方面并不稳定。京津冀国际论文数占总论文数比重从 2007 年 35.37% 增长到 2013 年的 38.26%，在国际论文产出方面偏低且增长缓慢。科技论文在三地分布差距较大，2013 年，北京发表国内论文 72662 篇，占到京津冀总数的 66.55%，而天津、河北分别为 13.72%、19.73%，充分说明三地在知识产出和研发能力方面存在巨大差距，如图 4－15 所示。

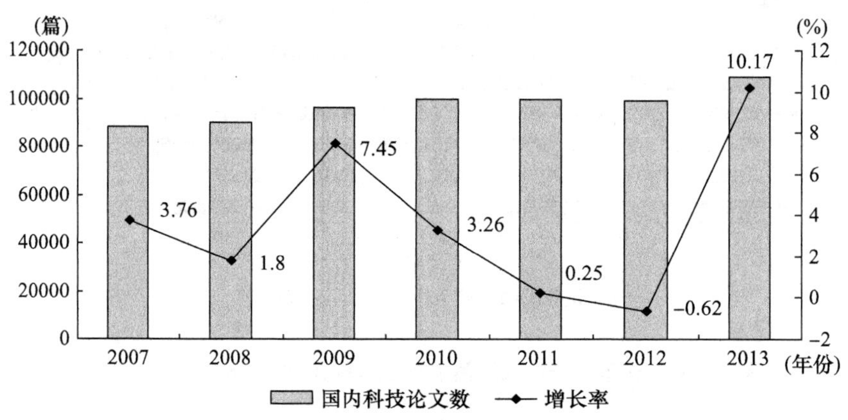

图 4－15　京津冀发表国内科技论文数及增长率（2007～2013 年）

从被国外三大检索工具（SCI、EI 和 ISTP）收录情况（见图 4－16）看，京津冀在其发表的科技论文数从 2005 年的 42385 篇增长到 2012 年的 82596 篇，增长近一倍，其 2012 年发表的科技论文数占到全国的 23.13%。京津冀被收录论文数整体处于较快增长的态势，但在 2009 年和 2011 年被录用的论文数略有下降，之后迅速提高。从京津冀三地看，2012 年北京被 SCI、EI 和 ISTP 收录的论文数在全国排名位居第一，天津处于全国中游水平，河北处于下游水平，北京 2012

年被收录的科技论文占到京津冀总数的 79.27%，远高于天津和河北两地之和。从被引频次看，北京 2012 年科技论文被此用 36.63 万次，不仅在京津冀地区遥遥领先，甚至在全国范围都是位居第一。这些充分说明三地科技论文质量和影响力存在巨大的差距，也进一步体现出北京在科技产出方面拥有绝对的优势，如图 4－17所示。

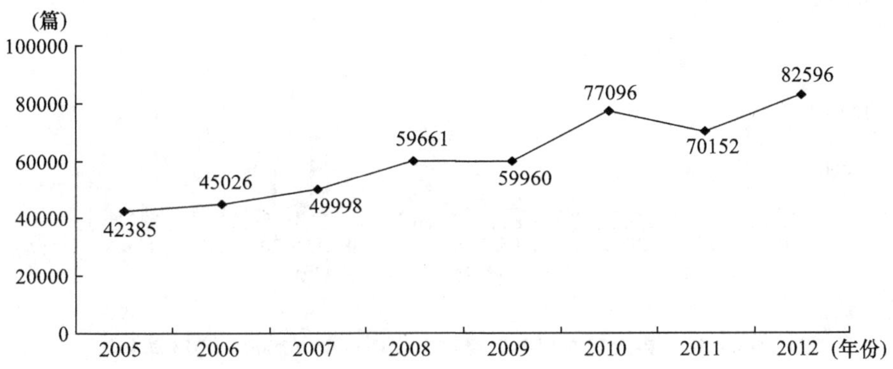

图 4－16　京津冀被 SCI、EI 和 ISTP 收录的科技论文数（2005～2012 年）

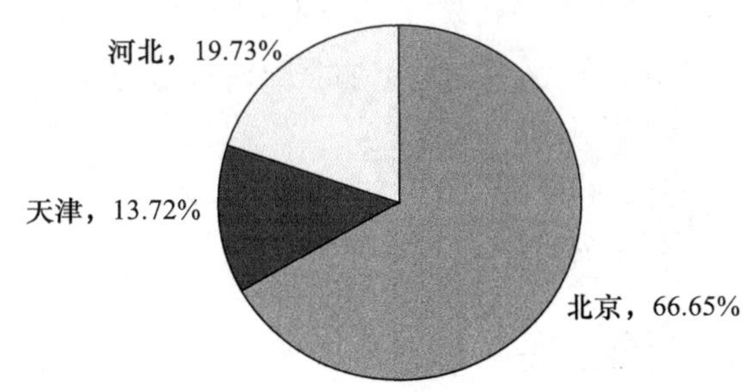

图 4－17　京津冀三地被收录科技论文比重（2012 年）

发明专利代表技术开发活动取得成功的佐证，是评价一个地区技术能力的通用标尺。2000～2013 年，京津冀国内专利申请量和专利授权量分别增长了 21.43%、19.59%，增长之势迅猛，2013 年，京津冀专利申请量和授权量分别占到全国总量的 9.48%、8.61%，专利授权率达到了 50.0%。从京津冀内部看，

2013 年，北京专利申请量和专利授权量分别占京津冀总量的 58.21% 和 59.28%，天津和河北占有量相对较低，天津专利申请量占 28.75%，授权量占 23.51%；河北专利申请量占 13.03%，授权量占 17.20%，如图 4-18 所示。

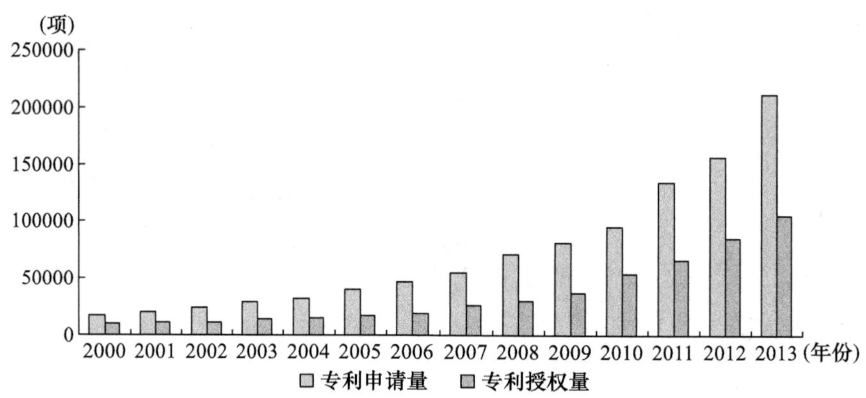

图 4-18 京津冀专利申请量和专利授权量（2000~2013 年）

无论是专利申请量还是专利授权量，与长三角、珠三角相比京津冀仍旧较低，其长三角的专利数量均是最高的，在三大都市圈中位居第一，珠三角居中，京津冀位居最后。其中，2013 年，京津冀专利申请量和专利授权量仅占到长三角的 23.94%、21.54%，差距极为显著，如图 4-19 所示。

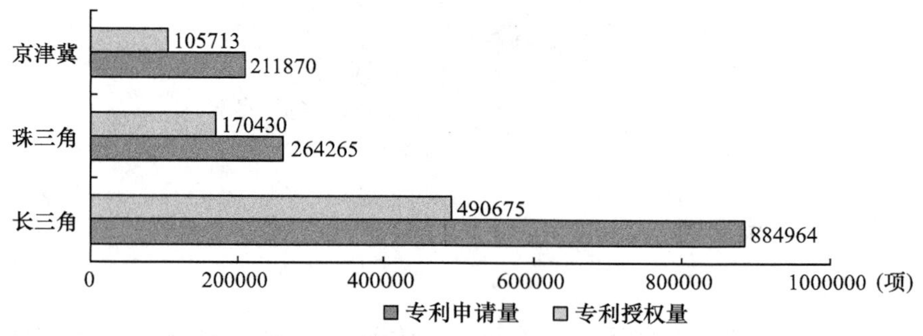

图 4-19 三大都市圈专利数量比较（2013 年）

从各部门专利申请数量看，2005~2013 年，京津冀各部门专利申请数量均呈现快速的增长态势，其中，企业专利申请数量增长最快，年均增长率达到了32.05%，高于京津冀专利申请总量9.12个百分点，而科研机构年均增长率最低，低于京津冀专利申请总量2.21个百分点。从各部门专利分配情况看，2013年企业专利申请数量占到京津冀总数的72.39%，而科研机构和高校仅占24.54%，京津冀企业专利申请比重较大。

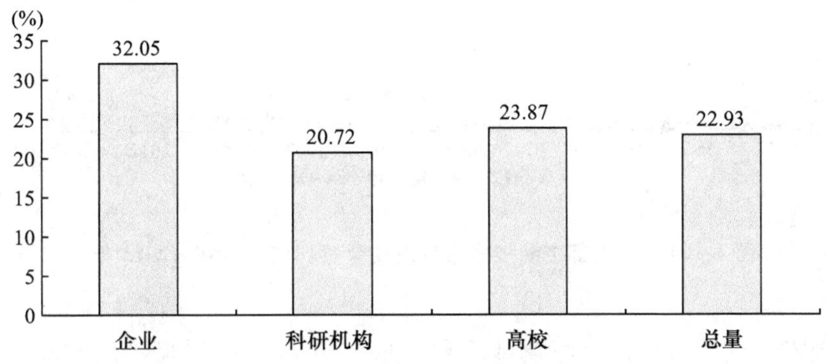

图4－20　京津冀各部门专利申请数量年均增长率（2005～2013年）

此外，2008～2013年，京津冀地区获国家科技奖项总计537项，北京占京津冀总数的70.2%，高于天津和河北两地之和，河北比重最低，仅为13.96%。截至2012年底，京津冀有效注册商标量达到626586件，天津和河北两地总量仅占北京的52.71%。这些说明京津冀三地之间在知识创造和科技生产方面存在的差距。

（二）间接经济效益

技术市场成交金额是反映技术应用与转化的重要指标。京津冀地区技术市场成交金额从1995年的61.72亿元增长到2013年的3159.47亿元，增长速度十分迅猛，其2013年京津冀技术市场成交金额占到全国的42.30%，表明京津冀地区技术应用能力及技术市场完善程度在全国处于领先地位。从三大都市圈看，1995～2013年，京津冀技术市场成交金额年均增长率为24.44%，高于长三角和珠三角的增长速度（18.85%、22.08%），也高于全国20.20%的平均水平，其2013年京津冀技术市场成交金额在三大都市圈中位居首位，长三角和珠三角技术市场成交金额仅占京津冀的53.86%，反映出京津冀拥有较强的研发实力和技术应用能力，如图4－21所示。

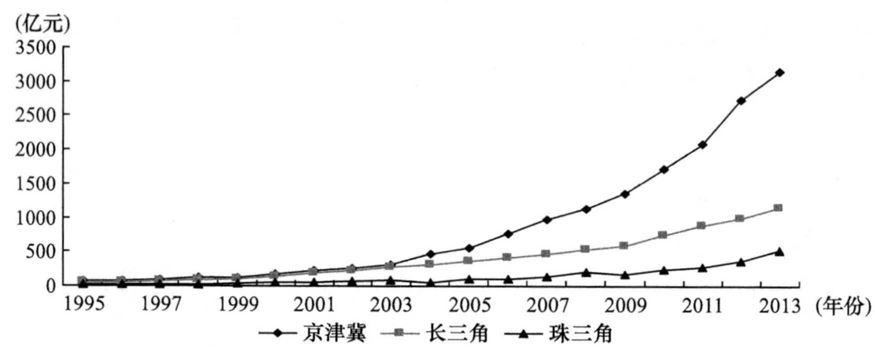

图4－21　三大都市圈技术市场成交金额比较（1995～2013年）

从技术成交地区看，京津冀地区科技成果近60%的份额都流向京津冀地区之外，本地成交量相对有限，一方面反映出京津冀地区已成为全国最大的技术卖方，对全国其他地区的技术辐射带动能力增强；另一方面也体现出科技本土转化能力、技术与本地产业的融合程度不高，科技对本地区经济发展的支撑作用不力。

2013年，京津冀规模以上工业企业新产品销售收入同比增长18.79%，高于全国整体水平2.57个百分点，也高于长三角和珠三角的增长率（15.76%、16.95%），但2013年京津冀规模以上工业企业新产品销售总收入仅为12158.49亿元，只占到长三角的28.75%、珠三角的67.50%。从三大都市圈内部看，2013年，江苏规模以上工业企业新产品销售收入最高，广东其次，而京津冀地区的北京、天津、河北最低。就增长率而言，长三角地区的浙江最高，为31.89%，其次是天津、河北、广东，上海最低，仅为3.9%，如图4－22所示。

从高科技产业外贸情况看，1997～2013年，京津冀地区高技术产品出口额年均增长21.42%，低于全国26.03%的增长率，其中2013年为424.54亿美元，仅占全国的6.43%，与珠三角、长三角差距极为悬殊，反映出京津冀高科技产业外贸发展状况并不佳。就京津冀内部看，2013年，北京、天津高技术产品出口额分别占京津冀的47.94%、45.43%，而河北仅为6.62%，三地高技术产业发

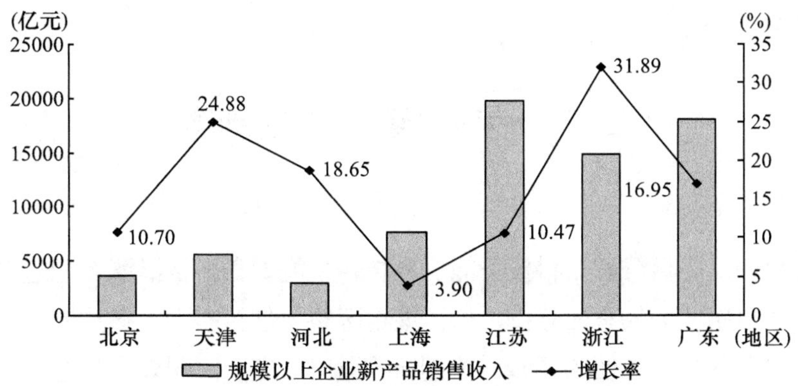

图 4-22 三大都市圈规模以上企业新产品销售收入及增长率（2013 年）

展极不平衡。从发展趋势看，1997～2007 年，京津冀三地高技术产品出口呈现快速增长态势，但 2008 年后均出现不同程度的变动，2009 年跌入低谷，主要是受到金融危机冲击，外贸环境恶化所致，但 2010 年后，天津增长速度较快，北京曲折向前增长，河北缓慢下降，如图 4-23 所示。

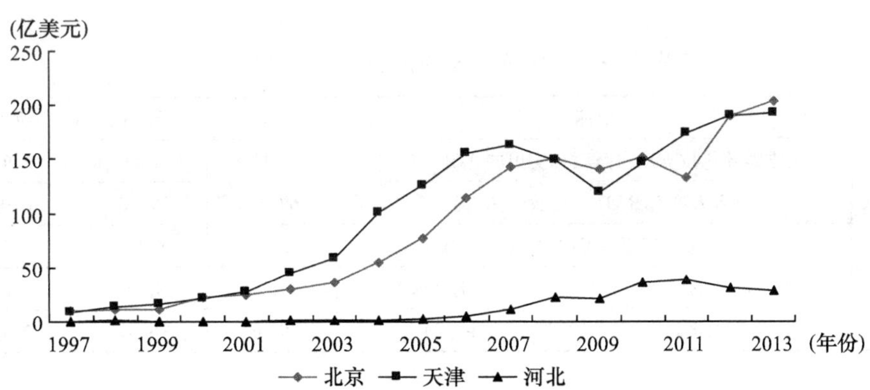

图 4-23 京津冀各地区高技术产品出口额（1997～2013 年）

此外，2013 年，京津冀地区高技术产业总产值仅占到全国的 8.14%，远低于长三角的 35.60%、珠三角的 28.18%。其中，京津冀高技术产业主营业务收入达到 9450.6 亿元，较去年增长了 13.84%，但占全国的份额仍旧较低。这些都表明京津冀地区科技转化和企业创新能力较弱，科技经济效益不强。

第二节 京津冀科技创新能力

科技创新能力可分解为科技势能、科技转换能力和科技潜能，通过对京津冀各地区三种创新能力的全面分析，探讨该地区整体创新能力、科技实力及各地区创新能力的差异性，以便为区域科技创新的溢出效应、协同效应与经济效应提供基础性研究。

一、科技势能

科技势能主要分析京津冀地区的科技实力，也称实现能力。依据政府、企业、市场等主要科技活动参与情况，选取 5 个有代表性的指标进行衡量和考察，如表 4 – 1 所示。

表 4 – 1 京津冀地区科技势能表（2013 年）

	指标	北京	天津	河北
政府	地方财政科技支出占财政总支出的比例（%）	5.43	3.57	1.10
企业	每万人拥有 R&D 人员数（人/万）	67.41	29.73	6.06
	实际利用外资额占 GDP 的比例（%）	2.55	6.53	1.30
市场	技术市场成交金额占工业增加值比例（%）	79.96	4.13	0.25
	每万人平均发明专利授权量（件/万）	29.63	16.89	2.48

依据表 4 – 1，2013 年，北京市财政支出中科技支出的比为 5.43%，在三地中最高，反映出北京市政府对科技发展的支持力度最高，而天津、河北政府对科技发展的支持相对较弱。北京、天津每万人拥有 R&D 人员数较高，分别为 67.41 人/万、29.73 人/万，河北仅为 6.06 人/万，三地之间研发人才存在巨大的差距，直接影响各地科技创新能力。2013 年，北京市每万人平均发明专利授权量为 29.63 件，高于天津、河北两地，而河北仅为 2.48 件。2013 年，北京市技术市

场成交金额达到了2851.72亿元，占全国的38.18%，雄踞全国榜首，技术市场成交金额占工业增加值的比重达到了79.96%，分别是天津、河北的19.36倍、319.83倍。这些数据充分表明北京市的科技活动在市场中最活跃，也体现出三地科技实力存在巨大的差距。从全国范围看，北京政府科技投入的比重、每万人发明专利的授权量、企业就业人员中R&D人员的比重均位列全国第一，北京作为我国创新能力最强的地区之一，科技资源丰富，创新体系完善。相比北京而言，天津市科技实力略逊一筹，以上相关指标在全国都处于中上游，尤其是依托优越的港口区位优势，在吸引外资方面较强。2013年，天津实际利用外资占GDP的比例为6.53%，远高于北京、河北，表明天津科技势能中利用外资有相对优势。河北以上相关指标在京津冀三地都是最低的，甚至在全国都处于中下游水平。总体上，北京科技势能居绝对优势地位，天津科技势能处于相对优势，河北科技势能总体薄弱。

二、科技转换能力

科技转换能力主要是衡量某地区将享有的知识和技术资源，通过研发活动有效转变为现实的生产能力。这里主要从科技投入、科技人才和科技产出三个角度，评价京津冀地区科技转换能力，如表4-2所示。

表4-2　京津冀地区科技转换能力表（2013年）

	指标	北京	天津	河北
科技投入	R&D投入占GDP的比例（%）	5.98	2.96	0.99
	有R&D活动的企业占比重（%）	26.65	23.18	6.19
	教育支出占GDP的比重（%）	3.44	3.19	2.94
	企业R&D经费支出占主营业务收入的比例（%）	1.17	1.08	0.45
科技人才	规模以上工业企业就业人员中R&D人员比重（%）	5.74	4.59	2.07
	大专及以上学历人数占总人数比例（%）	37.35	22.84	5.78
	高技术产业就业人数占总就业人数比例（%）	3.78	8.91	3.27

续表

	指标	北京	天津	河北
科技产出	工业增加值中来自高技术产业增加值的比重（%）	19.58	15.81	2.45
	规模以上工业企业新产品销售收入占主营业务收入的比例（%）	19.62	18.86	5.63
	商品出口额中来自高技术产业出口的比重（%）	60.87	38.68	8.33
	第三产业增加值占 GDP 比例（%）	77.52	48.33	36.14
	信息产业增加值占 GDP 比例（%）	9.07	1.37	1.28

科技投入通过四个指标衡量资金和技术对科技发展的支持力度。北京市对科技研发十分重视，研发投入强度、企业研发经费及有科研机构的企业比例等指标均较高，天津紧随其后，京津两市科技投入力度较大。河北研发投入远低于京津二市，2013 年，政府投入占 GDP 的比例仅为 0.99%，表明河北的投入力度较低。北京、天津教育支出占 GDP 的比重略高于河北，三地相差不大，均处于全国中下游水平，说明京津冀地区对教育的基础性投资相对较弱。从科技人才方面看，北京、天津大专及以上学历人数占总人数比例达到了 37.35%、22.84%，河北仅为 5.78%，而规模以上工业企业 R&D 就业人员中，河北最低，反映出京津科技人才富集，河北科技人才相对匮乏，人才支持力度不足。对于高技术产业就业人员比重，天津市最高，北京、河北大体相当，说明天津在高科技产业发展方面较为领先。科技产出反映科技活动对生产力的贡献程度，从高科技产业的产值、新产品收入、出口额以及信息产业产值的比重看，北京、天津优势较为明显，河北与其差距较为显著。新产品的研发、高技术产业的发展离不开科技的投入和人才的支持，通过研发投入和科技人才进行对比分析，能够反映出该地区的科技转换能力。总体上，京津两地科技投入高，人力资源丰富，科技产出力度大，科技转换能力强，而河北科技转换能力有待提高。

三、科技潜力

科技潜力是衡量一个地区科技未来发展的能力，可通过该地区的发展速度判断。科技实力强的地区，未必还能保持较快速度的增长，它可能面临发展瓶颈或资源的限制，因此科技实力强的地区和潜力大的地区不一定匹配，如表4－3所示。

表4－3　京津冀地区科技潜力表（2013年）

	指标	北京	天津	河北
科技投入	R&D投入的增长率（%）	11.44	18.75	14.69
	有R&D活动的企业数量增长率（%）	1.09	9.59	-2.39
	教育支出的增长率（%）	8.36	21.81	-3.23
	规模以上工业企业R&D增长率（%）	7.96	17.26	17.50
科技人才	规模以上工业企业R&D人员增长率（%）	8.46	12.35	16.20
	大专及以上学历人数增长率（%）	11.65	15.83	2.75
	高技术产业就业人数增长率（%）	1.69	7.79	12.22
科技产出	高技术产业增加值增长率（%）	21.76	31.00	26.79
	规模以上工业企业新产品销售收入增长率（%）	10.70	12.77	18.65
	高技术产业出口额增长率（%）	7.01	1.64	-9.50
	第三产业增加值增长率（%）	12.28	15.20	9.53
	信息产业产增加值增长率（%）	9.30	0.95	7.03

科技潜力同样从科技投入、科技人才、科技产出等角度考察，在科技转换能力指标的基础上选取动态指标。通过比较科技投入指标，天津市在R&D投入、教育支出、有R&D活动的企业数的增长速度较快，分别为18.75%、21.81%、9.59，在三地中排名均第一，表明天津科技投入增长迅猛。北京的企业R&D投入、有研发活动的企业数量增长缓慢，主要由于北京目标定位及功能疏解的影响。而河北企业R&D增长率在三地是最高的，河北企业逐渐向高技术研发发展，但有些指标却为负值，表明当地急需加大对科技、教育投入的支持力度。从科技人才看，河北规模以上工业企业研发人员增长率达到了16.2%，高技术产业就业人员增长率达到了12.22%，均高于京津二市，可见河北逐渐加强对科技人才的重视。而京津地区一直都是人才的集聚地，科技人才的增长并不显著。从科技产出看，天津和河北各项指标增长相对较快，2013年天津高技术产业增加值同比增长31.00%，为三地中最高，河北其次，北京最低，而从规模以上工业企业新产品销售收入看，河北增长率最高，为18.65%，北京仍旧是最低的。究其原因，主要是由于北京过去对科技产出较为重视，该地区产出水平一直较高，因而增长较为困难，但北京的信息产业增长仍旧较快，还有一定的发展空间。总体上，京

津冀地区天津市的科技发展最具潜力，增长速度最快，河北省的发展潜力略逊于天津，北京市的科技发展潜力较低。

四、科技综合能力

由于科技综合能力可分解为科技势能、科技转换能力和科技潜力，故将科技综合能力指标体系分为势能指标、转换能力指标、潜力指标三大板块，通过对以上三类指标进行筛选和优化，建立如下指标体系（见表4－4）。其中，转换能力和潜力板块分别由科技投入、科技人才、科技产出及下级具体指标组成，各模块彼此独立又互为联系，共同构成多维度、多层次的综合评价体系。在中国，京津冀、长三角、珠三角是我国创新能力最强、创新体系最完善、创新资源最丰富的地区，在我国国家创新体系中扮演着重要的角色。为此，把京津冀地区、长三角地区、珠三角地区的科技创新能力一并分析，通过对比研究，确定京津冀地区在我国三大都市圈中的科技创新地位，并试图寻找他们之间的差异及制约因素。

表4－4　科技综合创新能力指标体系

	一级指标	二级指标	三级指标
科技综合创新能力	科技势能	创新基础	地方财政科技支出占总财政支出的比例（%）
			每万人拥有 R&D 人员数（%）
			实际利用外资额占 GDP 的比例（%）
			技术市场成交金额占工业增加值比例（%）
			万人发明专利拥有量（件/万）
	科技转换能力	科技投入	R&D 投入占 GDP 的比例（%）
			有 R&D 活动的企业占比重（%）
			教育支出占 GDP 的比重（%）
		科技人才	企业 R&D 人数占全社会 R&D 人数的比重（%）
			大专及以上学历人数占总人数比重（%）
			科学研究、技术服务从业人数占总就业人数的比例（%）
		科技产出	工业增加值中来自高技术产业增加值的比重（%）
			新产品销售收入占主营业务收入的比例（%）
			商品出口额中来自高技术产业出口的比重（%）
			信息产业增加值占 GDP 比例（%）

续表

	一级指标	二级指标	三级指标
科技综合创新能力	科技潜能	科技投入	R&D 投入的增长率（%）
			教育支出的增长率（%）
			规模以上工业企业 R&D 增长率（%）
		科技人才	规模以上工业企业 R&D 人员增长率（%）
			大专及以上学历人数增长率（%）
			R&D 人员增长率（%）
		科技产出	高技术产业增加值增长率（%）
			规模以上工业企业新产品销售收入增长率（%）
			高技术产业主营业务收入增长率（%）
			第三产业增加值增长率（%）

为了对科技创新能力进行综合评价，选择较为成熟有效的主成分分析法，主成分分析法是一种降维统计方法，它借助于一个正交变换，将原来众多变量重新组合成一组新的相互无关的几个综合变量，并从中提取少数几个公因子（累计85%以上）能够反映原有变量大部分信息在内的多元统计方法。本书运用SPSS17.0 软件对三大都市圈科技创新能力进行综合评价，将原始数据输入软件，对数据进行标准化并得出成分矩阵表、解释方差表等，运算结果自动提取四个主成分，这四个主成分的方差累计贡献率为 93.186%，大于 85%，表明该主成分的解释力较强。最后，根据各主成分权重及各因子得分计算出各地区的最终得分及排名，如表 4－5 所示。

表 4－5　京津冀与珠三角、长三角科技创新能力得分与排名（2013 年）

地区	综合创新能力		科技势能		科技转换能力		科技潜力	
	得分	排名	得分	排名	得分	排名	得分	排名
北京	0.850199	1	1.149678	1	1.171972	1	－0.46691	7
天津	0.239786	3	0.312336	3	0.179108	3	1.005041	1
河北	－0.76144	7	－1.07575	7	－1.10306	7	－0.4316	6
上海	0.403762	2	0.543888	2	0.298414	2	－0.3547	5
江苏	－0.16846	4	－0.18912	4	－0.09297	4	0.117238	3
浙江	－0.27359	5	－0.36095	5	－0.26487	6	0.336096	2
广东	－0.29025	6	－0.38009	6	－0.18861	5	－0.20518	4

从表4－5看到，在综合创新能力得分中，北京、上海、天津得分最高，位列前三，属于创新领先地区。这些地区经济基础好，教育水平高，集聚丰富的科技创新资源，企业的创新主体地位突出，共同造就了较强的创新能力。江苏、浙江、广东紧随其后，从得分看，这三个省差距不大，应属于同一梯度，凭借宽松的创新创业环境，发达的市场经济，强大的经济科技实力，成为富有创新能力的地区。而河北综合创新能力得分为－0.76144，与其他6省市差距十分悬殊，在三大都市圈中创新能力最差。从科技势能看，7省市的排名均没有发生变化，但内部创新势能的差距仍较大。相比科技势能而言，这些地区科技转换能力却出现了微弱的变化，广东与浙江排名进行替换，广东从第6位提高1个位次，浙江从第5位降低1个位次，表明广东在科技转换能力上乘势而上，逐渐强于浙江。而河北科技转换能力得分为－1.10306，排名仍处于最后且与其他省市差距非常大，反映河北科技转换能力极弱，在科技投入、科技产出及科技人才方面比例较低，科技转换能力亟待提高。从科技潜力看，7省市排名均发生巨大的变化，尤其是北京科技潜力得分仅为－0.46691，在7省市最低，与其较强科技实力形成强大的反差，近年来北京研发投入、科技产出等增长十分乏力，创新潜力提升不明显。天津、浙江、江苏分别排名第1、第2、第3，这三个地区的创新潜力优势十分明显，科技财力和人力的投入增长较快，企业创新的自主地位较高，企业科技产出能力较强成为该地区创新潜力较大的关键因素。经济开放较早的上海、广东及发展仍旧落后的河北创新潜力也较弱，主要受当地发展环境、发展阶段、后来者强势追赶及政策体制所限，如表4－6所示。

表4－6　创新能力聚类结果（2013年）

类别	最强	强	较强	弱
综合创新能力	北京	上海、天津	江苏、浙江、广东	河北
科技势能	北京	上海、天津	江苏、浙江、广东	河北
科技转换能力	北京	上海、天津	江苏、广东、浙江	河北
科技潜能	天津	浙江、江苏	广东、上海	河北、北京

由于三大都市圈各地区的科技创新能力的差异较大，通过聚类分析，进一步得出各省市科技创新能力的等级和层次。无论从综合创新能力看，还是从科技势

能、科技转换能力看，北京创新能力都是最强的，说明北京作为全国科技创新中心的地位十分突出，人才资源密集、科技创新领先，短时间很难撼动。上海、天津创新能力强，江苏、浙江、广东创新能力较强，总体处于创新中间层次，也符合三大都市圈科技创新发展的现状。河北创新能力弱，反映出河北科技投入产出结构不合理、科技创新发展滞后。从科技潜能看，天津创新潜力最大，江苏、浙江其次，广东、上海创新潜力较大，河北、北京创新潜力最差。

第三节　京津冀科技创新资源配置效率

当前，在创新驱动发展的背景下，京津冀地区正处于创新主导和经济转型的关键时期，发展面临新的战略机遇。因此，客观评价该地区科技创新效率及内部各区域之间的差异，找出制约创新效率提高的短板，对于提升该地区科技竞争力、优化区域经济发展格局至关重要。科技创新效率是指在特定经济条件下，将有限的科技资源投入，通过有效的组合和制度安排最大限度释放创新潜能，获取更大的科技产出，它是反映区域科技资源配置和创新活动运行的关键指标。本部分将立足全国范围内评价京津冀的科技创新效率，并与三大都市圈进行对比研究。

一、方法选择

DEA 分析法即数据包络法，是在线性规划的基础上用于评价同类样本效率的有效方法，针对带有多输入项、多输出项的同样功能或类型的决策单位（DMU），通过对各项数据进行系统分析，计算出各个决策单元的运行效率。它借助于数学规划模型和经济边际效应理论，根据各 DMU 定级排序，判断其是否位于或偏离可能集的“生产前沿面”而评价每个 DMU 的相对有效性，并明确各单元 DEA 无效的缘由，提出具体的效率改进目标。DEA 方法不需要预先确定函数模型和各指标权重，不受投入、产出指标量化的影响，避免主观因素的影响，能够更理想的评价对象的特性。本部分选取 DEA 方法中最有效的 CCR 模型来评价京津冀各地区的科技资源配置效率，并剖析非 DEA 有效地区的投入产出情况，指出目标效率改进的方向与幅度。

假设有 n 个同类型的决策单元 DMU_j（$j=1$，2，3，…，n），每个决策单位 DMU 均有 m 个输入与 s 个输出，且输入向量为 $X_j=(x_{1j}, x_{2j}, \cdots, x_{mj})^T$，输出向量为 $Y_j=(y_{1j}, y_{2j}, \cdots, y_{sj})^T$，可以将每个决策单位 DMU 的效率公式定义为：

$$h_j = \frac{u^T y_j}{v^T x_j} = \frac{\sum_{r=1}^{s} u_r y_{rj}}{\sum_{i=1}^{m} v_i x_{ij}}, j = 1,2,\cdots,n \quad (4-1)$$

为了便于计算及增加结果的实用性，建立具有针对性的 CCR 对偶输入模型：

$$(D_\varepsilon)\begin{cases}\min[\theta - \varepsilon(\hat{e}^T S^- + e^T S^+)] \\ \sum_{j=1}^{n} X_j\lambda_j + S^- = \theta X_0 \\ \sum_{j=1}^{n} Y_j\lambda_j - S^+ = Y_0 \\ \lambda_j \geqslant 0, S^- \geqslant 0, S^+ \geqslant 0\end{cases} \quad (4-2)$$

式中，ε 为非阿基米德无穷小量，$\hat{e}=(1, 1, \cdots, 1)^T \in E^m$，$e=(1, 1, \cdots, 1)^T \in E^s$，$\lambda_i$ 为权重系数，S^+ 是松弛数量，S^- 是剩余数量，θ 为 DEA 模型的综合效率值。

当 $\theta=1$，且 $S^-=0$，$S^+=0$，说明 DMU 是 DEA 有效的，反映该决策单位在原投入 X_0 水平下产出 Y_0 已是最佳；当 $\theta=1$，至少 $S^->0$ 或 $S^+>0$，说明 DMU 是弱 DEA 有效，可以减少投入 X_0 来保持原产出 Y_0，或保持投入 X_0 不变来提高产出 Y_0；当 $\theta<1$，$S^->0$，$S^+>0$，说明 DMU 是 DEA 无效的，可以调整投入的组合，降低原投入 X_0 的 θ 比例来保持原产出 Y_0 水平。

综合效率是由纯技术效率和规模效率耦合而成。纯技术有效反映投入和产出已达到最优组合，即该单位位于最优生产函数曲线上；规模有效反映投入较为适中，即停留在规模收益不变的情况下。若存在 λ_j（$j=1$，2，…，n），使得 $\sum_{j=1}^{n}\lambda_j=1$，则 DMU 为规模收益不变；若不存在 λ_j（$j=1$，2，…，n），使得 $\sum_{j=1}^{n}\lambda_j=1$，且 $\sum_{j=1}^{n}\lambda_j<1$，则 DMU 为规模收益递增；若不存在 λ_j（$j=1$，2，…，

n），使得 $\sum_{j=1}^{n}\lambda_j=1$，且 $\sum_{j=1}^{n}\lambda_j>1$，则 DMU 为规模收益递减。

二、变量选取及说明

在坚持科学性和可行性的条件下，从投入和产出两个方面构建科技创新效率评价体系，力求对区域创新效率进行精确测度。科技资源中的财力和人力因素是创新活动中最具代表性的投入指标，二者在一定程度能够反映创新资源的主体和配置情况，故选择 R&D 经费和 R&D 人员作为科技资源体系的投入变量。科技产出指标的种类很多，但概括起来可分为直接知识产出和间接经济产出，在直接知识产出方面选取科技论文数量和专利授权量，在间接经济产出方面选取技术市场成交金额和新产品销售收入（见表 4－7）。

表 4－7　科技创新效率的指标评价体系

一级指标	二级指标	三级指标
科技投入	财力投入	R&D 经费（亿元）
	人力投入	R&D 人员全时当量（万人年）
科技产出	知识产出	科技论文数（篇）
		专利授权量（项）
	经济产出	技术市场成交金额（亿元）
		新产品销售收入（亿元）

为了保证研究的准确性及各区域之间的可比性，按照统一的统计口径选取各区域的相关数据来测算，数据均来自于相关年份的《中国科技统计年鉴》、《中国统计年鉴》及各地区的统计年鉴。考虑到科技的投入和产出之间可能会面临的时间滞后性，选择 1 年的滞后期。科技创新效率从两条路径展开：第一，为全面评价京津冀科技创新效率，选取全国 31 个省级单位数据样本，科技投入的数据为 2012 年数据，科技产出的数据为 2013 年数据，对其进行系统测度。既可以得到京津冀三地的科技创新效率的相对排名，也可以与全国其他省市横向对比。第二，为掌握京津冀各地区科技创新效率的变动趋势，科技投入变量采用 2008～2012 年，科技产出变量采用 2009～2013 年，这样既可以从时间序列的角度把握

各省市的创新效率变化趋势，也可以针对某一年结果进行纵向比较。

三、创新效率评价

（一）基于全国层面静态分析

将中国各省市区的科技投入产出指标数据代入 CCR 模型，运用 DEAP2. 1 软件，基于产出导向角度，测算出 31 个省市的 DEA 效率值（见表 4 – 8）。其中，综合效率为纯技术效率与规模效率相乘所得到。

表 4 – 8　全国各省市科技创新效率评价结果表（2013 年）

区域	综合效率	纯技术效率	规模效率	规模效益
北京	1. 000	1. 000	1. 000	—
天津	1. 000	1. 000	1. 000	—
河北	0. 752	1. 000	0. 752	drs
山西	0. 514	0. 514	1. 000	—
内蒙古	0. 417	0. 429	0. 971	irs
辽宁	0. 812	0. 910	0. 893	drs
吉林	0. 492	0. 568	0. 866	drs
黑龙江	0. 787	0. 864	0. 911	drs
上海	0. 909	1. 000	0. 909	drs
江苏	0. 924	1. 000	0. 924	drs
浙江	1. 000	1. 000	1. 000	—
安徽	0. 871	0. 872	0. 999	irs
福建	0. 649	0. 650	0. 999	irs
江西	0. 814	0. 820	0. 993	irs
山东	0. 916	1. 000	0. 916	drs
河南	0. 824	0. 993	0. 830	drs
湖北	0. 887	1. 000	0. 887	drs
湖南	1. 000	1. 000	1. 000	—

续表

区域	综合效率	纯技术效率	规模效率	规模效益
广东	0.811	0.937	0.866	drs
广西	0.962	1.000	0.962	drs
海南	1.000	1.000	1.000	—
重庆	1.000	1.000	1.000	—
四川	0.846	0.977	0.866	drs
贵州	1.000	1.000	1.000	—
云南	0.762	0.773	0.986	drs
西藏	0.718	1.000	0.718	irs
陕西	0.946	1.000	0.946	drs
甘肃	1.000	1.000	1.000	—
青海	0.975	1.000	0.975	irs
宁夏	0.930	0.960	0.968	irs
新疆	1.000	1.000	1.000	—
均值	0.855	0.912	0.940	—

从表4－8可以看到，2013年，北京、天津科技创新体系的综合效率、纯技术效率、规模效率都为1，为DEA有效状态。北京、天津的科技创新活动同时存在技术有效和规模有效，投入产出达到最佳状态且规模收益不变，表明京津二市科技资源达到最优配置。河北科技创新运行的综合效率是0.752，属于DEA相对无效状态。河北纯技术效率为1，表明河北科技创新运行基本上在最优生产前沿面，投入产出不需要改进，但规模效率为0.75，且处于规模递减的状态，反映出河北科技投入规模不适当，进而造成河北科技创新综合效率的低下，未来河北应该调整科技投入规模、提高科技管理水平。从全国范围看，全国31个省市区中有9个达到了DEA有效，其中京津冀地区有北京、天津两市，占到全国的22.2%，而河北科技创新的综合效率和规模效率均低于全国平均水平，其中，综合效率在全国排序倒数第6位，仅高于山西、内蒙古、吉林、福建、西藏5省市，规模效率在全国排序倒数第2位，仅高于西藏。从三大都市圈看，除北京、天津、浙江科技创新到达DEA有效外，上海、江苏、广东均处于DEA无效状

态。京津冀科技创新的综合效率均值为0.917，高于全国平均水平，在三大都市圈中位列第二，由于河北创新综合效率极弱，从而削弱了整个区域的科技创新配置效率；长三角地区科技创新的综合效率在三大都市圈中最高，原因在于三省市创新效率较高且内部差距不大；珠三角在三大都市圈中综合创新效率最低，既有规模无效，又有技术无效所致，如图4－24所示。

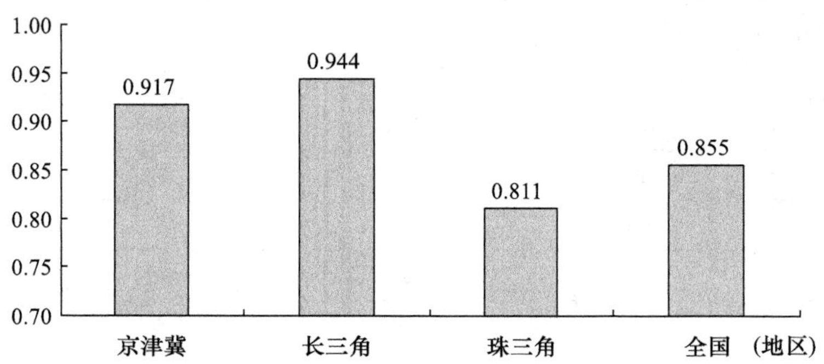

图4－24　三大都市圈及全国科技创新综合效率（2013年）

（二）基于区域层面动态分析

为比较京津冀科技创新效率的变动趋势，选取2008～2013年京津冀科技创新的相关投入和产出指标，按照同样的计算方法，可以达到京津冀近5年来各地区科技创新效率的纵向比较结果。

表4－9　京津冀科技创新效率评价结果（2009～2013年）

年份	区域	综合效率	纯技术效率	规模效率	规模效益
2009	北京	0.830	0.836	0.993	irs
	天津	0.692	0.927	0.747	irs
	河北	0.407	0.693	0.588	drs
2010	北京	0.932	0.952	0.979	irs
	天津	0.664	0.884	0.751	irs
	河北	0.676	1.000	0.676	drs

续表

年份	区域	综合效率	纯技术效率	规模效率	规模效益
2011	北京	1.000	1.000	1.000	—
	天津	0.647	0.768	0.843	irs
	河北	0.461	0.779	0.592	irs
2012	北京	0.997	1.000	0.997	irs
	天津	1.000	1.000	1.000	—
	河北	0.512	0.629	0.814	irs
2013	北京	1.000	1.000	1.000	—
	天津	0.884	0.985	0.897	irs
	河北	0.679	0.894	0.786	irs

如表4－9所示，北京在2011年和2013年、天津在2012年的科技创新综合效率、技术效率与规模效率都是1，达到DEA有效状态，技术有效与规模有效并存，其余不同年份的样本单元均为DEA非有效状态。从变动趋势看，2009～2013年，北京、河北技术创新综合效率都出现“上升—下降—再上升”演变趋势；天津科技创新综合效率呈现“下降—上升—再下降”的演变趋势，除北京外，天津和河北科技创新综合效率波动非常剧烈。2009年、2011年、2013年，科技创新综合效率，由低到高依次为河北、天津、北京；2010年的科技创新综合效率由低到高依次为天津、河北、北京；2012年的科技创新综合效率由低到高依次为河北、北京、天津。从科技投入产出冗余量看，京津冀三地科技创新效率不高，基本上所有的地区都需要不同程度的调整，既有投入指标过多，也有产出指标不足。从纯技术效率看，北京在2011～2013年、天津在2012年、河北在2010年的纯技术效率达到1，存在DEA有效，科技投入产出效益和科技管理水平到达最优状态，而其他年份则资源没达到最佳配置水平。除2010年和2011年外，京津冀各地区纯技术效率的排序趋于一致，从高到低依次是北京、天津、河北。从规模效率看，只有北京在2011年和2013年、天津在2012年到规模有效，其他时期各地区都处于无效运行状态。河北在2009～2010年规模效率处于递减状态，可能由于科技投入结构不合理、科技管理落后等原因造成。其他不同年份的地区均处递增状态，可以通过增加科技投入、优化科技资源配置的方式提高其规模效率（见图4－25）。当然，上述解释仅限于模型运行的机理，而现实中科

技投入效率较低，出现投入冗余现象，不仅由于投入量过大，还包括投入结构不合理、创新资源空间配置不均衡、运营方式不协调等。出现科技产出不足，也不仅仅是产出量过小，也受各地区经济发展水平、科技市场环境、科技政策等因素影响。

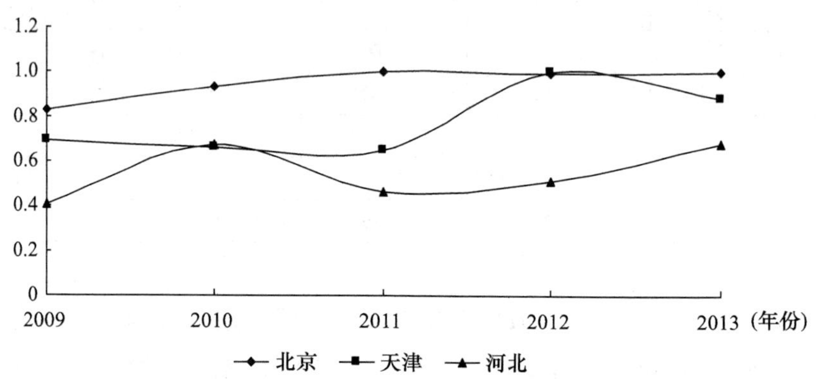

图 4－25　京津冀各地区科技创新综合效率变动趋势（2009～2013 年）

总体上讲，京津冀地区科技创新综合效率高于全国平均水平，但与长三角地区相比仍有差距。就内部而言，北京和天津创新效率差距不大，但与河北相比差距较为悬殊，尤其是科技力量薄弱的河北需要从投入和产出进行较大幅度的改进。为此，间接反映出处于创新中枢的京津并未向周边河北出现明显的技术扩散效应，由于各地区之间的经济基础、技术研发能力、创新环境及科技政策存在较大的差异，进一步阻碍区域科技协同发展的步伐。

本章小结

本章主要揭示京津冀科技创新的发展现状及演变特征，详细阐述科技创新的发展态势、创新能力及空间层次，实证检验京津冀科技创新的运行效率及演变趋势。

首先，从创新资源投入和创新成果产出两个方面阐述京津冀科技创新的发展现状及演变态势。京津冀科技投入大幅度增加，科技成果产出快速提高，科技创新水平显著提升，科技创新呈现良好的发展态势，但三地在科技资源配置和投入方面不均衡，科技成果产出差距较大，科技投入产出结构不适宜等。

其次，把科技创新能力分解为科技势能、科技转能力和科技潜能，通过对京津冀各地区科技创新综合能力分析，发现北京、天津科技势能及转换能力优势明显，而河北总体薄弱、有待提高；天津、河北科技发展潜力较大，而北京创新潜能相对较弱；长三角、珠三角内部各地区创新能力发展较为均衡，而京津冀各地区差异较大。

最后，借鉴 DEA 方法，对京津冀各地区创新效率进行测算并同两大都市圈进行对比研究。京津冀地区科技创新综合效率高于全国平均水平，但低于长三角地区；北京、天津达到了 DEA 有效状态，而河北存在 DEA 无效状态，科技投入产出结构需要调整。河北科技资源未达到最佳配置，也受当地经济发展水平、市场环境、科技政策等影响，间接反映出处于创新中枢的京津并未向周边河北出现明显的技术扩散效应。

第五章 微观维度：京津冀创新要素集聚与科技创新的空间溢出效应

第一节 导言

科技创新活动的集聚效应与溢出效应多局限在一定地域空间内，受到空间范围和地理条件的限制。区域科技创新的集聚主要基于各微观创新主体的相互协作，促进相关创新要素和科技资源不断在特定空间内流动与聚集，形成科技和经济在一定空间范围内集聚。创新集聚效应会使集聚地创新能力增强和创新水平提高，逐渐形成区域科技创新极，在创新极能量和层次提升后会通过外溢效应提高周边地区的科技创新水平。集聚是扩散的前提，扩散是集聚的结果，集聚和扩散有着密切的联系。已有的文献大都集中于科技创新的集聚效应或扩散效应，把两种效应一并研究的相对较少，且研究多从宏观和中观的角度出发，从微观视角的研究更少。

科技创新的微观路径是由微观创新主体切入，科技创新的微观主体通常由大学、研发机构、企业等组成。大学是创新资源集聚和扩散的重要载体；企业是区域创新活动和成果转化应用最主要的活动主体；科研机构是创新研发和技术传播的重要平台。本章首先分析京津冀地区各创新主体创新要素的集聚程度及演变趋势，揭示创新要素在各创新主体的空间分布特征。其次利用空间自相关法，探讨京津冀各创新主体创新绩效的空间相关性及空间集聚特征变化趋势。由于京津冀各地区科技资源分布不均及科技发展不平衡，导致京津冀科技创新可能存在空间溢出效应，而科技创新空间溢出由众多因素制约，不同影响因素会带来不同的结果。最后本章将重点剖析不同因素对京津冀科技创新的空间溢出效应的影响和作用。

第二节　京津冀创新要素集聚与空间相关性分析

评价区域科技资源空间分布的方法较为广泛，本部分重点对京津冀创新要素集聚与创新空间溢出效应进行研究，所以选择空间基尼系数、创新空间集聚度、空间相关性等具有代表性的方法，探讨京津冀创新要素的集聚程度及创新绩效的空间相关性。

一、创新要素的空间集聚

创新要素的空间集聚度方法相对较多，主要包括可度量溢出效应和不可度量溢出效应两类。本章将集聚效应和分散效应进行分离分析，运用无溢出效应的空间集聚方法测度京津冀科技创新要素的空间集聚，经过比较分析，选用空间基尼系数和空间集聚度（PS 法）进行度量。

（一）空间基尼系数

空间基尼系数最早是由克鲁格曼在 1991 年提出，之前主要用于测度制造业的空间集聚水平，后来演变成衡量产业及创新要素空间集聚效应。测度公式如下：

$$G = \sum_{i}(s_i - x_i)^2 \tag{5-1}$$

式中，G 为基尼系数，范围在［0，1］，x_i 是 i 地区某创新主体投入占整个区域该创新主体投入的比重，s_i 表示 i 地区全部科技投入占整个区域科技投入的比重。若基尼系数越大，即集聚程度越高，反映该创新主体投入越集中；反之，即集聚程度越低，则表明创新投入越分散。

表5－1　京津冀各创新主体科技财力投入的空间基尼系数（2005～2013年）

单位＼年份	2005	2006	2007	2008	2009	2010	2011	2012	2013	年均增长率
企业	0.0102	0.0125	0.0175	0.0184	0.0375	0.0420	0.0386	0.0375	0.0485	18.92%
高校	0.0084	0.0108	0.0057	0.0058	0.0070	0.0139	0.0184	0.0185	0.0148	6.50%
科研机构	0.0307	0.0394	0.0456	0.0453	0.0648	0.0717	0.0938	0.1018	0.1090	15.12%

表5－1显示了京津冀创新主体科技经费投入的空间分布结果，2013年，科研机构R&D经费空间基尼系数为0.1090，在该地区的集中程度最高，企业科研经费为0.0485，处于居中位置，而高校科研经费集中程度最低，仅为0.0148，京津冀科研经费在企业、高校、科研机构之间空间分布不平衡，创新资源配置不合理。2005～2013年，企业科技经费空间基尼系数年均增长率为18.92%，增长率最高，说明企业经费在该地区的集中程度提升；其次是科研机构，增长率最慢的是高校，说明高校科研经费空间集聚的趋势不够明显，仍显现相对分散的分布状态。2013年与2005年相比，科研经费在企业、高校和科研机构之间的分布格局未发生改变，反映京津冀区域科技要素自由流动不够顺畅和创新资源配置不够合理，可能受到深层次的行政壁垒和制度障碍所限。虽然科研机构研发经费仍是集中程度最高的，高校集中程度是最低的，但京津冀各创新主体研发经费在空间分布已经发生很大的变动。

（二）空间集聚度

借鉴Henderson（1995）提出的创新要素空间集聚度测度方法，该方法能测算出不同要素在不同地区的集聚度，可以更加全面反映出特定区域空间内创新要素的集聚状况。为此，本部分选取2005～2013年各创新主体的投入数据，测度考察期内京津冀各创新要素的空间集聚度，具体公式如下：

$$PS_{ij} = \frac{T_{ij}/\sum_{j} T_{ij}}{\sum_{j} T_{ij}/\sum_{i}\sum_{j} T_{ij}} \quad (5-2)$$

式中，PS_{ij}表示i创新主体在j地区的创新空间集聚度，T_{ij}代表i创新主体j地区的科技投入，i创新主体包括企业、高校、科研机构，j地区由北京、天津、河北组成。

表 5－2　京津冀各创新主体科技财力投入的空间集聚度（2005～2013 年）

年份		2005	2006	2007	2008	2009	2010	2011	2012	2013
北京	企业	1.24	1.15	1.15	1.05	1.01	1.04	0.92	0.88	0.85
	高校	7.07	7.21	7.17	7.22	6.97	6.32	6.40	6.33	6.41
	科研机构	2.38	2.38	2.38	2.55	2.35	2.35	2.59	2.64	2.42
	均值	3.56	3.58	3.57	3.61	3.44	3.24	3.31	3.28	3.23
天津	企业	0.34	0.38	0.42	0.39	0.47	0.56	0.53	0.53	0.60
	高校	2.16	2.60	2.26	2.53	2.14	1.45	1.65	1.86	2.39
	科研机构	0.13	0.12	0.09	0.18	0.13	0.14	0.15	0.16	0.17
	均值	0.88	1.03	0.93	1.03	0.92	0.72	0.78	0.85	1.05
河北	企业	0.30	0.31	0.31	0.33	0.44	0.42	0.42	0.42	0.46
	高校	0.74	0.91	0.95	0.91	0.67	0.43	0.44	0.44	0.48
	科研机构	0.18	0.22	0.20	0.19	0.17	0.12	0.13	0.15	0.12
	均值	0.41	0.48	0.49	0.48	0.43	0.33	0.33	0.34	0.35

从表 5－2 可以发现，2005 年，北京科技财力的集聚度均值为 3.56，在京津冀地区集聚度最高，其次是天津，集聚程度最弱的是河北，反映出北京在科技财力集聚方面具有绝对的优势，也体现出三地在科技财力集聚能力存在巨大的差距。从各创新主体集聚度看，无论是企业、高校，还是科研机构，北京创新主体科技财力的集聚度都是最高的，除科研机构外，天津企业、高校的科技财力集聚度也高于河北，而河北创新主体的集聚度相对较低。从各区域内部看，北京创新主体科技财力的集聚度从高到低依次是高校、科研机构、企业，而天津、河北正好相反，创新主体财力集聚度从高到低依次是高校、企业、科研机构，反映出天津、河北企业在科技财力集聚方面要高于科研机构。从发展趋势看，2005～2013 年，北京、河北科技财力的集聚度呈下降的趋势，而天津科技财力的集聚度从 2005 年的 0.88 提高到了 2013 年 1.05，表明天津在京津冀地区科技财力的集聚水平在提高（见图 5－1）。其中，北京的企业、高校、科研机构集聚度总体都呈现下降态势，而天津、河北创新主体集聚度波动较大，但企业的科技财力集聚度均是在提升的，反映出两地企业科技财力集聚效应逐渐增强。

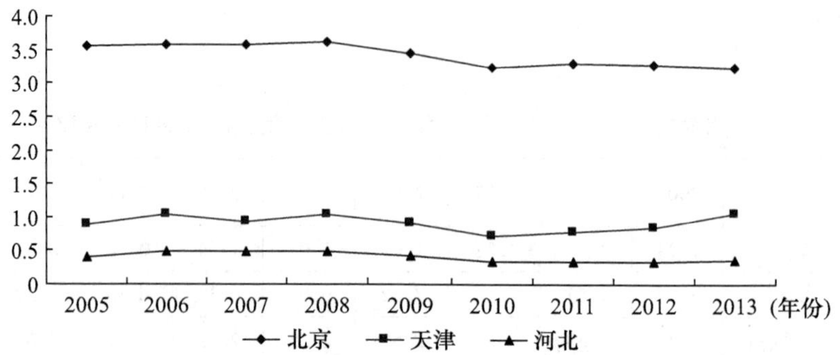

图 5－1　京津冀各地区科技财力的集聚度均值（2005～2013 年）

二、科技创新的空间相关性

空间自相关是用来描述相同区域内不同位置上的统计量之间的彼此依存性，从而揭示空间要素或变量的区域结构形态。空间自相关分析，可用来度量某一观察值是否和其邻近空间点上的观察值的关联程度，若存在正相关，反映某单元的观察值变动与其相邻近空间单元存在同样的演变特征，表明地理空间存在集聚性特征；若存在负相关，则结果相反。空间自相关可分为全局自相关与局域自相关。根据研究的需要，本部分选择空间自相关（Moran's I）来研究京津冀科技创新的空间集聚效应。Moran I 指数的计算公式如下：

$$MoranI = \frac{\sum_{i=1}^{n}\sum_{j=1}^{n} W_{ij}(Y_i - \bar{Y})(Y_j - \bar{Y})}{S^2 \sum_{i=1}^{n}\sum_{j=1}^{n} W_{ij}} \tag{5-3}$$

式中，Y_i 是 i 地区的观察值，n 是研究区域内所有地区的个数，$S^2 = \frac{1}{n}\sum_{i=1}^{n}(Y_i - \bar{Y})^2, \bar{Y} = \frac{1}{n}\sum_{i=1}^{n} Y_i$。其中，$W_{ij}$为空间权重矩阵，反映空间 i 地区和 j 地区的邻近关系，当 i 地区与 j 地区空间相邻时，$W_{ij} = 1$；反之，$W_{ij} = 0$，且 $i \neq j$，$W_{ii} = 0$ 或 $W_{jj} = 0$。Moran I 的取值在（－1，1）区间，当 Moran I 大于 0 时，说明存在空间正相关，观察变量趋于空间集聚，即相邻地区拥有相同的属性；当 Moran I 小于 0 时，说明存在空间负相关，观察变量趋于空间分散，即相邻地区属性差异大；当 Moran I 等于 0 时，说明空间不相关，观察变量在空间呈随机独立分布。Moran I 指数愈大，反映集聚效应愈强。

关于 Moran I 指数，可用 Z 判定 n 个地区的空间自相关性，其中，Z 表示标准化的统计量。

$$Z(I)=\frac{MoranI-E(I)}{\sqrt{VAR(I)}} \tag{5-4}$$

式中，E（I）和 VAR（I）是理论期望和理论方差，可以根据 Z 值来检验空间相关关系。全局空间自相关指数可以揭示区域单元属性的相关效应及空间布局形态，但对相似集聚区的内部差异性无从观察。为此，可以建立局域空间自相关指数来描述，局域 Moran I（LISA）测算公式如下：

$$I_i=\sum_{j=1}^{n}W'_{ij}(Y_i-\overline{Y})(Y_j-\overline{Y}) \tag{5-5}$$

式中，Y_i、Y_j 分别是标准化变量，W'_{ij}表示标准化的区位相邻矩阵。依据空间自相关系数和自相关散点图，可以掌握地域内单元属性的依赖关系及空间演变特征。

由于科技创新复杂的特性，很难直接衡量出科技创新的数量和质量，而科技创新绩效是反映各创新主体创新水平较理想的指标，主要通过科技投入和产出来衡量。在投入变量上，根据 Griliches（1979）提出的知识生产函数（KFP）模型，把研发经费作为科技投入变量。但产出变量选择较麻烦，由于高校和科研机构主要以知识性产出为主，故都选取专利授权数据为产出变量。对企业而言，科技产出主要是经济性产出为主，故产出变量选择较为通用的新产品销售收入。因此，高校和科研机构的创新绩效选取其专利授权量与 R&D 经费的比值来度量，企业创新绩效选择新产品销售收入与 R&D 经费的比值来度量。由于各创新主体单位不统一，所有在计算时各变量进行标准化处理。

（一）全局空间自相关分析

根据 Moran I 指数公式，利用 Stata13. 0 软件，选择京津冀各地级市以上城市为单元，计算出 2005 ~ 2013 年京津冀各创新主体创新绩效的空间相关系数。

表5－3　京津冀各创新主体创新绩效的空间自相关系数（2005～2013年）

年份		2005	2006	2007	2008	2009	2010	2011	2012	2013
企业	Moran I	0.277	0.336	0.364	0.400	0.461	0.480	0.502	0.481	0.443
	Z值	2.913	3.412	3.705	3.938	4.489	4.634	4.831	4.730	4.346
	P－value	0.002	0.000	0.000	0.000	0.000	0.000	0.000	0.000	0.000
高校	Moran I	0.150	0.162	0.177	0.183	0.148	0.186	0.241	0.235	0.246
	Z值	2.881	2.846	2.452	2.443	1.431	2.429	2.360	2.437	2.451
	P－value	0.037	0.039	0.035	0.032	0.073	0.041	0.034	0.031	0.026
科研机构	Moran I	0.131	0.073	0.145	0.067	0.059	0.113	0.081	0.142	0.136
	Z值	2.115	1.036	2.181	1.103	1.235	2.114	1.167	2.239	2.089
	P－value	0.021	0.166	0.039	0.175	0.193	0.041	0.203	0.016	0.027

从表5－3看到，2005～2013年，京津冀企业创新绩效的Moran I指数均为正，在0.01的显著水平下通过检验，Moran I检验值Z值大于其1.96的临界值，表明京津冀各市企业科技创新活动在空间上呈现正的相关性，企业科技创新并不是呈现完全随机的空间分布状态，即邻近地区拥有相似的科技创新水平，科技创新水平较高或较低的区域都有趋于空间集聚。2005～2011年，企业Moran I值逐年递增，表明京津冀企业科技创新空间分布的相关性逐渐增大，空间集聚分布愈加明显，而2012年后Moran I有所下降，表明科技创新空间集聚减弱。从高校创新绩效看，京津冀高校在2009年没有通过检验，其他年份在0.05的显著水平下通过检验，且各年份的Moran I指数较低，表明京津冀高校创新活动呈现一定的空间相关性，随着京津冀协同发展的推进，高校创新活动和创新绩效表现出一定的空间外溢性。从科研机构看，京津冀科研机构在2006年、2008年、2009年和2011年没有通过检验，而其他年份存在空间弱自相关性。主要由于科研机构尤其是国家级科研机构在京津冀布局相对分散，主要集中北京、天津等地，相邻地区科研水平和层次差距较大，京津科研创新成果转化和交易多在京津冀之外，并未向该地区进行有效的扩散和转化，进而科研创新活动集聚特征并不明显。

（二）局域空间自相关分析

为了更直观反映出京津冀各创新主体创新水平的集聚特征演化趋势，通过空间局域自相关分析，由于局域 Moran I 指数计算由两部分组成，因此，可得出四种不同类型的集聚区域，即高高集聚区（H－H 型）、高低集聚区（H－L 型）、低高集聚区（L－H 型）、低低集聚区（L－L 型）。集聚类型不同反映某一地区与其周边地区存在不同的空间依赖关系。利用 ArcGIS 10 软件绘制出 2005 年、2008 年、2011 年、2013 年京津冀 Moran I 指数的可视图（各创新主体均值），如图 5－2 所示。

从 2005～2013 年京津冀各地区创新绩效的 Moran I 指数变动趋势看，京津冀科技创新的空间集聚格局变动不明显，呈现如下特征：

（1）天津一直属于 H－H 集聚类型，处于较强创新能力的天津被创新能力更强的北京所围绕，而北京 2005 年位于高低集聚区，北京作为全国科技创新能力最强的地区之一，而周围各城市创新能力较为薄弱，出现科技创新的低洼地带，说明北京并未对周边产生有效的技术扩散，周边落后的科技现状也未改变。

（2）H－L 集聚区变动较大，2008 年后石家庄替代北京进入 H－L 集聚区，而北京步入更高的集聚区，2013 年 H－L 集聚区又增加一个保定，京津冀科技创新在空间上呈轴线扩散，京保石创新轴和京津创新轴逐渐形成。

（3）2005～2013 年京津冀 L－H 集聚区数量变化不明显，2008 年增加一个沧州，2013 年又减少一个保定，总数量不变。L－H 区域作为 H－H 区域和 H－L 区域的中间地带，具有科技创新被带动的潜力，位于 L－H 区域的廊坊、承德、张家口、唐山、沧州正好处于环京津地带，但由于这些地区自身基础较差，缺乏创新溢出的承接能力，科技创新水平一直较低。

（4）L－L 区域基本分布于远离京津的冀中南和冀北地区，这些城市的科技创新水平较低，相邻城市的创新能力也较薄弱，可见这些城市很难受到京津的科技辐射，同时也没有找到自身的创新点。

总体来看，京津冀地区各城市科技创新水平差距较大，空间呈现分散分布向集聚的演变趋势，同时，京津冀地区将会出现创新高地和创新低谷长期并存的局面。

图 5-2　京津冀科技创新局域自相关的空间可视图（2005～2013 年）

第三节　京津冀科技创新的空间溢出效应分析

在创新要素逐渐集聚的同时，创新集聚地或创新中枢同样也会产生空间溢出效应，把知识信息、科技成果传播辐射到周边和邻近区域，同时，也会加快资金、人才、产业、管理等要素向周围扩散，带动创新外围地区科技和产业的发展。科技溢出（扩散）的路径主要包括等级扩散、邻近扩散与轴向扩散等。

一、空间模型设定

本章旨在探析创新要素集聚、创新绩效的空间相关性及空间溢出效应，由于空间自相关性与异质性的存在，传统计量经济学在处理截面数据时可能会产生偏差或伪结论，而空间计量经济学方法是基于地理空间效应的基础，将传统统计和计量方法有效地结合而建立的新型统计关系，对截面数据的空间效应处理较为合适，可以度量观察变量在不同空间的交互作用、空间变动规律和决定因素。因此，选择科学实用的空间计量经济学方法进行分析，空间计量模型分为空间滞后模型（Spatial Lag Model，SLM）与空间误差模型（Spatial Error Model，SEM）两类。

空间滞后模型（SLM）。空间滞后模型重点关注各观察数据在某一地理空间内是否具有外溢效应（扩散现象），其关系式为：

$$Y_{it} = \alpha_0 + \rho WY_{it} + \sum_{j=1}^{n} \alpha_j X_{itj} + \varepsilon_{it}$$

$$\varepsilon_{it} \sim N(0, \sigma^2 I) \tag{5-6}$$

式中，Y 为因变量；X 为自变量（外生解释变量）；i、j、t 分别是表示各个地区、各自变量和统计量的年份；ρ 是空间回归滞后系数，表示单元观察值的空间依存关系；α 反映自变量 X 对因变量 Y 影响；ε_{it}为随机误差项向量；W 为$n \times n$空间权值矩阵，对于空间取值矩阵，采取国际国内通用的邻接矩阵（Contiguity Matrix），即相邻的区域权值为1，不相邻的区域权值为0。

空间误差模型（SEM）。空间误差模型侧重度量观察数据的空间依赖关系，即观察数据在地区间相互作用的方向和效应，其关系式为：

$$Y_{it} = \alpha_0 + \sum_{j=1}^{n} \alpha_j X_{itj} + \varepsilon_{it}$$

$$\varepsilon_{it} = \lambda W \varepsilon_{it} + \mu_{it}$$

$$\mu_{it} \sim N(0, \sigma^2 I) \tag{5-7}$$

式中，ε_{it}是随机误差项向量；λ 表示 $n \times 1$ 的截面因变量的空间误差系数，反映邻近区域观察量 Y 对本区域观察量 Y 的作用方向和效应；μ_{it}为正态分布的随机误差项量；α 反映自变量 X 对因变量 Y 影响。空间误差模型的依存效应体现在扰动误差项中，测度了邻近区域由于因变量的误差冲击对本区域观察数据的作用效果。由于空间自相关的因素，本节运用极大似然方法来估计 SEM 模型和 SLM 模型的参数。在模型选择上，主要通过统计的显著性观察，依据判别的规则，选择统计上更显著的模型进行实证检验。

二、变量选取及处理

大多数研究认为，创新要素集聚会通过空间溢出效应，从而促进科技创新绩效的提升（余泳泽、刘大勇，2013）。除创新要素对创新绩效影响外，如政府支持、人力资本、市场化、外资水平等都会对创新绩效产生影响。为此，建立如下解释变量：

（1）政府支持。众多文献都从不同方面实证了政府支持对提升创新效率、增强创新能力的积极作用，政府支持变量选取地方财政科技支出占财政总支出比重来度量。

（2）人力资本。Lucas（1988）认为人力资本对地区科技创新、技术进步起着巨大的作用，人力资本变量采用大专以上人数占总人数的比重来衡量。

（3）市场化水平。依据前人的研究，市场化水平对地区科技创新的作用越来越重要。根据樊纲和王小鲁的研究报告，将“地区市场化进程指数”作为反映地区市场化水平的变量。

（4）外资水平。引进外资可以通过示范效应、竞争效应等加快技术、人才、知识等溢出，从而有利于引进国的技术创新。对于企业创新绩效来讲，外资水平选取 FDI 变量做指标。

三、实证检验

借助 Matlab7.0 软件，对面板 SEM 模型和 SLM 模型进行估计。本章将选取地区时点双固定面板 SEM 模型和地区固定面板 SEM 模型对京津冀企业、高校、科研机构的创新绩效的影响因素进行实证分析，以期探讨其扩散效应。同时，也用传统面板数据一并对其检验。

表 5－4　京津冀科技创新绩效的空间计量分析结果（2005～2013 年）

	企业		高校		科研机构	
变量	传统个体固定效应	地区固定面板 SEM 模型	传统个体固定效应	地区固定面板 SEM 模型	传统个体固定效应	双向固定面板 SEM 模型
集聚度	0.003 (1.103)	0.006** (2.189)	－0.036 (－0.467)	－0.042 (－0.558)	－0.119*** (－2.436)	－0.137*** (－3.596)
政府支持	－0.007 (－0.042)	－0.357* (－1.496)	－0.012* (－1.536)	－0.017* (－1.692)	－0.084 (－0.703)	－0.087 (－0.852)
市场化	0.014 (0.783)	0.016* (1.539)	－0.028 (－0.951)	－0.031 (－1.130)	－0.003 (－0.146)	0.014 (0.938)
人力资本	0.048* (1.526)	0.018*** (3.192)	0.049 (0.863)	0.078* (1.672)	－0.085** (－1.962)	0.054** (1.833)
外资水平	0.597*** (4.386)	0.436*** (3.252)				
相关系数		0.241** (2.741)		0.014 (0.207)		0.056 (0.671)
Adjust－R^2	0.953	0.951	0.629	0.613	0.864	0.919
Log－Likelihood	263.18	259.77	139.36	123.89	175.52	210.46

注：*、**、***分别表示在 10%、5%、1%的显著水平下显著；括号内为 t 统计量。

（一）企业的空间溢出效应分析

从企业地区固定面板 SEM 模型估计结果看，要素集聚、政府支持、市场化、人力资本、外资水平等影响变量均通过了显著性检验，且人力资本和外资水平在 1% 的水平下通过显著检验。企业创新集聚度对创新绩效的影响系数大于 0，反映出企业创新要素集聚度的提高对京津冀科技创新绩效的提升有正面促进作用。同时，空间自相关系数达到 0. 241% ，且在 5% 的显著水平下接受了检验，这表明对企业来讲，创新要素集聚对创新绩效产生明显的空间外溢效应，即京津冀企业创新绩效高的地区对周边产生较强的辐射带动作用。其中，政府支持变量相关系数为 -0. 357，存在负相关性，这表明对企业创新主体讲，政府支持对创新绩效具有负向影响，不存在空间溢出效应。主要缘由在于政府支持更加侧重于创新主体的整体社会效益，可能忽视企业自身的经济效益；政府在创新资金分配时可能会受到寻租或利益集团的影响，导致资金分配出现偏差，甚至出现长期创新项目或重大基础研究遇到冷遇；此外，政府对创新资金的投放和使用情况缺乏强有力的监督，科技创新管理体系僵化，技术创新运行机制不健全，导致资金的使用效率低下。市场化水平对企业创新绩效具有正向效应，反映市场化水平越高的地区企业创新绩效也越高，市场化环境将成为推动地区企业技术转移与成果外溢、提升创新绩效的关键条件。外资对该地区企业创新绩效的影响系数为 0. 436，与经典的结论“FDI 促进论”完全吻合，再次证明外资引入对地区企业创新绩效具有显著的技术溢出效应。

（二）高校的空间溢出效应分析

从高校地区固定面板 SEM 模型估计结果看，只有政府支持和人力资本通过了显著性检验，侧面反映出创新集聚度、市场化水平对高校创新绩效的影响不显著。政府支持的影响系数为负，表明对高校来讲，政府支持不利于高校创新绩效的空间溢出，主要在于政府对科研项目和资金配置缺乏统筹协调，资金管理缺乏弹性，资金使用效率不高，高校科研人员创新活力不强等。而人力资本的影响系数为正，表明人力资本的提高，对高校创新绩效具有正的影响作用。其空间自相关系数为正，但没有通过检验，这表明对高校而言，创新要素集聚对创新绩效并没有产生空间外溢效应。主要在于该地区北京、天津高校创新要素集中度较高，而周边地区创新要素相对滞后，区域间高校创新水平差异较大；高校在创新过程中人才、技术、资金、信息等要素交流不够，空间相互作用不强，导致创新要素集聚对高校创新绩效空间溢出影响不明显。市场化水平对高校创新绩效影响不明显主要在于高校在创新过程中更容易受到行政目标干预与行政力量制约，对市场化环境的敏感度降低。

（三）科研机构的空间溢出效应分析

从科研机构双向固定面板 SEM 模型估计结果看，创新集聚度和人力资本分别在 1% 和 5% 的显著水平下通过检验，人力资本影响系数为正，但创新集聚度影响系数为负，这反映出创新集聚度对科研机构创新绩效表现出负向作用，创新要素越集聚越不利于空间外溢效应的出现。从空间溢出系数看，空间自相关系数为 0.056，但未通过显著性检验，表明对科研机构讲，创新要素集聚对创新绩效并没有产生空间外溢效应。人力资本对科研机构创新绩效具有正向作用，由于进入知识经济时代，人力资本已经成为各创新主体开展创新活动、提高创新绩效最为核心的因素，人力资源尤其是创新型人力资源对一个地区或国家提高创新水平至关重要。政府支持和市场化水平对科研机构创新绩效影响作用不显著，表明科研机构在开展创新活动时市场化程度不高，而政府政策支持更侧重于创新主体的社会效益，对其自身的创新绩效和创新水平把握不足。

第四节　结论与问题

本章通过对京津冀创新要素集聚与空间溢出效应系统探析，得出如下主要结论：

（1）京津冀地区科研机构创新要素集聚度最高，其次是企业，高校集聚程度最低；2005～2013 年企业创新要素集聚度增长率最高，科研机构位列第二，高校最低；从各区域看，北京各创新主体创新要素集聚度最高，其次是天津，河北最低。

（2）从空间自相关系数看，京津冀企业创新绩效呈现显著的空间自相关性，高校呈现弱的空间自相关性，而科研机构部分年份没有通过显著性检验；总体上看，京津冀科技创新在地域上表现出集聚的特征，但创新高峰与创新低谷可能会长期并存。

（3）创新要素集聚对企业创新绩效具有正效应，对高校不显著，对科研机构具有负效应；政府支持对企业和高校的效应为负，对科研机构的效应不确定；市场化程度对企业创新绩效效应为正，对高校和科研机构不明显；人力资本对企业、高校、科研机构的创新绩效都有正向影响；外资水平对企业创新绩效的影响较为显著，产生正的空间溢出效应。

依据研究结论，京津冀创新要素集聚与空间溢出效应存在如下主要问题：

（1）创新要素在空间分布上不均衡，各创新主体集聚能力梯度明显。京津冀地区北京的创新要素集聚度高于天津、河北，拥有绝对的资源集聚优势，科技集聚与经济集聚在空间分布上趋于一致；企业、高校、科研机构的创新资源集聚程度不一，科研机构高于企业、高校，但企业创新资源集聚能力增长较为明显；北京各创新主体创新集聚水平呈现下降的态势，天津处于上升的态势，河北则波动较为剧烈。

（2）各主体创新活动的空间相关性差异显著，科技创新的集聚趋势不明显。企业创新活动的空间相关性高于高校和科研机构，邻近地区企业拥有相似的创新水平，而高校、科研机构倾向于局部集聚；京津冀科技创新呈现分散分布向弱集聚的趋势演变，说明京津并未向周边产生有效的技术扩散效应，周边落后的科技现状尚未根本改变。

（3）各主体创新溢出效应差异较大，各影响因素的作用效果不同。企业创新水平高的地区更容易向周边产生空间溢出效应，而高校、科研机构不明显，主要由于高校和科研机构创新活动易受行政干预，资金使用效率低下，对市场化不敏感；人力资本、市场化、政府支持、外资水平对各主体创新空间溢出效应的影响不同，政府支持、市场化对高校、科研机构并没有产生积极的作用。

本章小结

本章从微观路径出发，运用空间基尼系数和空间集聚度方法，测算京津冀企业、高校、科研机构创新要素的集聚度，利用空间面板数据测度京津冀各创新主体创新绩效的空间自相关系数，并利用空间计量模型重点探讨了京津冀创新要素集聚对各创新主体创新绩效的空间溢出效应及影响因素。结果表明，京津冀科研机构创新要素集聚度最高，企业创新要素集聚度增长最快，北京各创新主体集聚程度最强；企业创新绩效呈现显著的空间自相关性，高校呈现弱相关性，科研机构部分年份没通过检验；政府支持、市场化、人力资本、外资水平对京津冀企业、高校、科研机构创新绩效空间溢出效应的影响作用不一致。针对京津冀各地区不同创新主体创新要素集聚的现状和创新绩效的空间效应，应调整创新要素的空间布局和发挥科技创新的溢出效应，促进创新资源在区域内合理配置与开放共享，推动科技投入向企业倾斜和壮大企业创新主体地位，加强人力资本积累和完善人才培养机制，加大政府科技财政支出比例和提高资金使用效率，健全技术交易市场和完善区域创新平台体系。

第六章　中观维度：京津冀区域创新系统的创新协同效应

第一节　导言

区域一体化是区域发展的高级阶段，推进京津冀协同发展为实现京津冀一体化奠定了坚实的基础。区域协同发展的核心是协同创新，协同创新的关键是科技协同发展，科技协同发展是推进创新要素自由流动、创新资源优化配置、创新主体融合发展。京津冀科技资源富集、创新体系完备，区域创新水平处于全国领先地位，但各地区创新资源配置失衡、创新能力差距悬殊，导致该地区整体创新能力不强、创新协同程度低下。为此，急需对京津冀协同创新能力进行深入探讨，找准影响创新协同效应发挥的难题和障碍。目前，国内对区域创新协同效应的研究多是理论机理探讨，实证研究相对较少，且没有建立一个权威的指标评价体系，测度方法选取也较为主观，缺乏针对性，总体上仍处于探索阶段。

科技创新的中观路径，主要从区域创新系统入手，基于创新协同的视角，探讨京津冀科技创新系统的协同效应及演化特征。首先，本章对区域创新协同效应的相关方法进行比较和筛选，选取较有针对性的复合系统协同度模型。其次，将京津冀创新系统划分为三个子系统，并科学构建符合京津冀实际的协同创新系统指标测评框架。最后，依据本章构建的检验方法和指标数据，测度区域内部各子系统的创新有序度及整体协同度。依据研究结果，深入剖析京津冀创新“协同失灵”的制约因素及各地区之间的差异性，探索推进区域科技协同发展的新模式和新机制。

第二节　模型构建及指标体系设计

一、复合系统协同度模型构建

区域创新协同效应研究方法相对较少，目前主要有主成分分析法、数据包络法（DEA 法）、集对分析法、复合系统测评法等，各种方法都有优劣，因此，选择有针对性的方法至关重要。创新协同效应的研究必须立足于某一区域创新系统，区域创新系统是由创新主体、创新要素、创新环境构成，是区域内依托创新资源，通过创新主体的协同，推进知识创造、技术协作与应用的复合创新体系。区域创新系统内部又包括若干相互影响、相互制约的子系统，该系统在运行过程中由其子系统自身及子系统之间有机组合和协作，进而体现出创新协同效应。为此，选择较适合的复合系统模型作为分析方法，构建京津冀区域创新系统的整体协同度模型。在具体研究中，首先，梳理区域创新系统的内涵特征及系统结构，明确区域复合创新系统及子系统的层次；其次，建立区域创新协同的指标测评框架，并细化各要素指标；最后，测度各子系统的有序度及变动趋势，根据各子系统的权重系数，计算出京津冀区域创新系统的创新协同效应。

协同本质就是系统内各要素、各功能之间在运行或演化发展中相互协作、共生和谐的过程，从无序走向有序的状态与程度。而协同度是这一共生协调性的最佳度量。

构建复合创新系统 $R=\{R_1, R_2, \cdots, R_n\}$，$R_k$ 表示系统 R 中的第 k 个子系统，$k=1, 2, \cdots, n$，且 $R_k=\{R_{k1}, R_{k2}, \cdots, R_{kn}\}$，其中，$R_k$ 又包括一些“子子系统”或一些序参量构成。本文中 R 特指由京津冀组成的复合区域创新系统，R_k 是指京津冀的子区域创新系统。

R 的复合函数是由子系统 R_k 之间的相互作用及相互影响而实现的，可以用抽象的函数式表达：

$$R=f(R_1, R_2, \cdots, R_n) \tag{6-1}$$

定义1：$R=f(R_1, R_2, \cdots, R_n)$中的$f$是复合创新系统$R$的合成函数因子或非线性算子。由于复合系统的复杂性和动态性，所以f并不能用精确的函数关系式表达。

定义2：若满足$E^g(R)=E\{F[f(R_1, R_2, \cdots, R_n)]\}$

$$=E[g(R_1,R_2,\cdots,R_n)] > \sum_{k=1}^{n} E^f(R_k) \tag{6-2}$$

即复合系统的整体效应E^g（R）超过各子系统的效应总和$\sum_{k=1}^{n} E^f(R_k)$，则将式（6-2）中的F作为复合创新系统R的协同作用，用T表示复合创新系统R的协同效应集合，即复合创新协同机制。

需要指出：

式（6-2）中的不等式反映了协同学所表述的协同效应即“1+1>2”的状态。也就是说，在系统协同关系的推动下，复合系统实现的整体功能要超过各子系统在失调结果下各要素、各参量的功能总和。

关于特定的复合系统R，让其由混乱无序步入协同有序的作用较多，即满足式（6-2）的F会有多个。只要能使复合系统的协同化有所提高的因素都可作为系统的协同能力，为此，用T规定了系统协同化的集合体。

一般情况下，协同效应取决于其协同作用，不同的协同作用会产生不同的协同效应，为此，规定下述定义：

定义3：假设$\exists F^O \in T$，在特定的评价准则下，使得：

$g=F^O f$，$F\in T$，

$$E\{F^O[f(R_1, R_2, \cdots, R_n)]\}=E[g^O(R_1, R_2, \cdots, R_n)]=optE^g(R) \tag{6-3}$$

则F^O就是最优创新协同效应，式中$g^O=F^O f$，opt为复合系统协同的含义。

在构建模型时选取实用有效、决定性强的参变量和指标要素，但参变量不易过细划分，避免形成过于复杂的模型结构。

对于区域子创新系统R_k，$k\in[1, n]$，令$\lambda_k=(\lambda_{k1}, \lambda_{k2}, \cdots, \lambda_{kj})$为系统演进发展中的序参变量，且$j\geqslant 1$，$\beta_{ki}\leqslant\lambda_{ki}\leqslant\alpha_{ki}$，$i\in[1, j]$。$\alpha$、$\beta$分别为系统和谐状态下序参量$\lambda_{ki}$的上游和下游。假定序参量$\lambda_{k1}$，$\lambda_{k2}$，$\cdots$，$\lambda_{kl_1}$的数值愈大，复合系统有序化就愈高，反之，则复合系统有序化就愈低；假定序参量λ_{kl_1+1}，

λ_{kl_1+2}，…，λ_{kj}的数值愈大，复合创新系统的有序化愈低，反之，则复合系统有序化就愈高。因此有下述定义。

定义4：下式μ_k（λ_{ki}）表示系统R_k中序参量中的子变量λ_{ki}的有序度

$$\mu_k(\lambda_{ki})=\begin{cases}\dfrac{\lambda_{ki}-\beta_{ki}}{\alpha_{ki}-\beta_{ki}}, & i\in[1,\ l_1]\\[2ex] \dfrac{\alpha_{ki}-\lambda_{ki}}{\alpha_{ki}-\beta_{ki}}, & i\in[l_1+1,\ j]\end{cases} \tag{6-4}$$

从定义4发现，$\mu_k(\lambda_{ki})\in[0,\ 1]$，其值愈大，$\lambda_{ki}$对子创新系统的贡献度就愈高。在实际系统中，总可以通过调整λ_{ki}在区间$[\alpha_{ki},\ \beta_{ki}]$的大小，满足式(6-4)。

总而言之，序参量λ_k对子系统R_k有序化可以调整μ_k（λ_{ki}）的集成来实现。从理论上看，创新系统的综合效应既取决于各序参量的不同取值，也取决于各序参量的协和形式。不同的组合形式决定系统不同的功能结构，组合形式又决定了集成法则。为了便于计算，本书将运用几何平均法与线性加权和法进行集成。

定义5：称μ_k（λ_k）是区域子系统R_k序参量变量λ_k的有序度。

$$\mu_k(\lambda_k)=\sqrt[j]{\prod_{i=1}^{j}\mu_k(\lambda_{ki})} \tag{6-5}$$

$$或\ \mu_k(\lambda_k)=\sum_{i=1}^{j}w_i\mu_i(\lambda_{ki})\geqslant 0, w_i\geqslant 0, \sum_{i=1}^{j}w_i=1 \tag{6-6}$$

定义5可知，$\mu_k(\lambda_k)\in[0,\ 1]$，若$\mu_k(\lambda_k)$数值愈大，则说明$\lambda_k$对子创新系统$R_k$有序化的力度愈大，否则，就愈低。在式(6-6)中，权变量w_k的取值应基于创新系统的运动状态和演化趋势，这体现λ_{ki}在推动区域创新系统有序进程所起的作用或地位。

定义6：复合系统区域创新协同度模型(*Degree of General Synergy*)。假定复合创新系统从初始点t_0变化到t_1时点，各子创新系统的有序度对应为$\mu_k^0(\lambda_k)$、$\mu_k^1(\lambda_k)$，其中$k=1,\ 2,\ \cdots,\ m$，则定义$t_0\sim t_1$时间段的复合创新系统整体协同度为：

$$DGS=\theta\sum_{k=1}^{m}\eta_i[\ |\mu_k^1(\lambda_k)-\mu_k^0(\lambda_k)|\ ] \tag{6-7}$$

$$式中：\theta=\frac{\min\limits_k[\mu_k^1(\lambda_k)-\mu_k^0(\lambda_k)\neq 0]}{|\min\limits_k[\mu_k^1(\lambda_k)-\mu_k^0(\lambda_k)\neq 0]|}, k=1,2,\cdots,m \tag{6-8}$$

$$\eta_i \geqslant 0, \sum_{i=1}^{j} \eta_i = 1, i = 1, 2, \cdots, j$$

复合创新系统整体协同度 $DGS \in [-1, 1]$，如果取值愈大，反映复合系统的整体协同效应愈高，否则，表明协同效应就愈低。参数 θ 的作用体现在，当 $\mu_k^1(\lambda_k) - \mu_k^0(\lambda_k) > 0$，$\forall k \in [1, m]$，复合区域创新系统就存在正的协同度，系统向协同有序状态演进；若该式不成立，说明复合创新系统中起码有一个子系统向非有序化发展。通常情况下，若各子系统有序度变动幅度不协同或变动方向不一致，那么整个系统就表现出不稳定或不协调的状态，体现为 $DGS \in [-1, 0]$。复合区域创新系统协同度的特征与演变趋势，主要是相对于基期考察的。协同度可以有效地评判复合系统的协同化水平或协同效应。

二、指标体系设计及权重确定

本章立足于京津冀协同发展的实际，基于创新协同理念，借鉴国内外区域科技进步与科技协同的相关指标体系，从资源保障与创新支撑、知识创造与获取能力、知识配置与创新协同、技术应用与创新绩效、创新环境与技术进步五个维度建立区域科技协同创新指标测评的理论框架。依据这一框架，进一步把每个一级指标进行细化分解得到若干二级指标，最终形成四级层次的京津冀创新协同效应的指标评价体系（见表6-1）。在指标选取时，坚持科学性、系统性、实用性的态度，通过对相关指标的甄别和优化，选取科学合理、易量化、有针对性的变量，以便增强实证研究的科学性和有效性。就本章而言，京津冀科技创新总系统是由北京创新系统、天津创新系统、河北创新系统三个子系统构成，每个子系统又包括五个序参量（一级指标），同时，又根据每个序参量的特征设计出34个二级指标。

（一）数据收集及标准化处理

在计量研究中，最关键的是要收集尽量权威、真实可靠的数据以保证研究的准确性。本章以2004~2013年京津冀各地区的科技创新数据为样本，数据主要

表6-1　京津冀创新协同效应指标评价体系

<table>
<tr><th>总系统</th><th>子系统</th><th>序参量（一级指标）</th><th>要素（二级指标）</th></tr>
<tr><td rowspan="34">京津冀整体创新协同效应</td><td rowspan="34">某区域创新协同效应（北京、天津、河北）</td><td rowspan="6">资源保障与创新支撑</td><td>万人科技活动人员</td></tr>
<tr><td>拥有大专以上学历人数占总人数比重</td></tr>
<tr><td>科技经费投入</td></tr>
<tr><td>地方财政科技支出占财政总支出比重</td></tr>
<tr><td>每名R&D活动人员新增仪器设备费</td></tr>
<tr><td>科技服务业新增固定资产占全社会比重</td></tr>
<tr><td rowspan="7">知识创造与获取能力</td><td>万人R&D研究人员</td></tr>
<tr><td>R&D经费支出占GDP比重</td></tr>
<tr><td>研究与开发机构数</td></tr>
<tr><td>万人科技论文数</td></tr>
<tr><td>万人技术成果成交金额</td></tr>
<tr><td>万人发明专利拥有量</td></tr>
<tr><td>获国家级科技成果奖系数</td></tr>
<tr><td rowspan="7">知识配置与创新协同</td><td>作者同省异单位科技论文数</td></tr>
<tr><td>高校和科研机构科技资金中来自企业的比例</td></tr>
<tr><td>高校和企业合作项目占总研发项目比重</td></tr>
<tr><td>技术转让占技术市场交易金额比重</td></tr>
<tr><td>企业技术购买经费占总技术经费比重</td></tr>
<tr><td>R&D人员中企业R&D人员的比重</td></tr>
<tr><td>R&D经费中来自企业资金的比重</td></tr>
<tr><td rowspan="7">技术应用与创新绩效</td><td>工业增加值中来自高技术产业的比重</td></tr>
<tr><td>企业R&D经费投入占产品销售收入比重</td></tr>
<tr><td>商品出口额中来自高科技产品出口的比重</td></tr>
<tr><td>主营业务收入中来自新产品销售收入的比重</td></tr>
<tr><td>高技术产业生产总值占GDP比重</td></tr>
<tr><td>高技术产业增加值率</td></tr>
<tr><td>科技成果转化率</td></tr>
<tr><td rowspan="7">创新环境与科技进步</td><td>政府财政支出</td></tr>
<tr><td>人均居民消费支出</td></tr>
<tr><td>万人国际互联网用户数</td></tr>
<tr><td>万名就业人员专利申请量</td></tr>
<tr><td>万人吸纳技术成果金额</td></tr>
<tr><td>资本生产率</td></tr>
<tr><td>综合耗能产出率</td></tr>
</table>

来源于相关年份的《中国科技统计年鉴》、《中国火炬统计年鉴》、《中国高技术产业统计年鉴》、《中国区域创新能力报告》、《中国科技进步监测》以及各地区的统计年鉴等。在研究中若想要获得全部的数据不现实，对无法获得的数据，主要采用如下解决办法：第一，对无法公开出版的数据，主要通过实地调研或直接向政府有关部门获取。第二，对缺失的数据，主要经过技术处理，采用平均值、间接合成或估计值的方法得到。

在指标体系中，由于不同指标数据具有不同的单位和不同的变异程度，不同单位的变量在代入运算时会使变量关系系数发生较大的差异，影响研究结果的真实性。为了使不同变量具有可比性，需要对数据进行标准化处理，消除各变量之间的量纲关系。数据标准化处理的方法主要有 0 - 1 标准化（离差标准化）、z - score标准化、Decimal scaling 小数定标标准化、log 函数转换法等。离差标准化是一种对原始数据进行线性变换的方法，通过某观察值与最小值的差除以该变量的极差而得到新的值。经过处理后数据都是消除单位的纯变量，且新的观察值都落在［0，1］区间，故选取该方法处理。数据离差标准化的公式如下：

$$T'_{ij}=\frac{T_{ij}-\min(T_{ij})}{\max(T_{ij})-\min(T_{ij})} \tag{6-9}$$

式中，T_{ij}是第 i 个指标第 j 年的观察值，T'_{ij}是经过无量纲处理后的标准值，max（T_{ij}）是第 i 个指标在统计期内的极大值，min（T_{ij}）是第 i 个指标在统计期内的极小值。

（二）指标权重确定

熵（Eentropy）的概念最先由德国物理学家鲁道夫·克劳修斯提出，他认为，熵可以通过对变量本身信息的评价来判断变量的效用价值，从而得到变量真实的效用，避免主观性的偏差。熵是对信息不确定性的一种度量，熵值愈小，所蕴含的的信息量愈大。当某种情形下的熵值愈小时，反映该情形下决策时价值愈大，应赋予较大的权系数，这为确定评价指标权重提供了科学依据。

本章可分两类指标：当正向指标愈大时，对系统有序化发展产生正的影响；当负向指标愈小时，对系统有序化运行产生负的影响。根据研究需要，分别对正向指标和负向指标做如下技术处理，其中，X_{ij}表示第 i 个区域中第 j 个指标的标准值，X'_{ij}是变量 X_{ij}处理后的值。

正向指标：$X'_{ij}=\dfrac{X_{ij}}{\max(X_{1j},\ X_{2j},\ \cdots,\ X_{mj})}$

负向指标：$X'_{ij}=\dfrac{\min(X_{1j},\ X_{2j},\ \cdots,\ X_{mj})}{X_{ij}}$　　(6-10)

根据熵理论，建立创新系统熵计算公式如下：

$$e_j=-k\sum_{i=1}^{m}(Y_{ij}\times \ln Y_{ij})\quad (0\leqslant e_j\leqslant 1) \tag{6-11}$$

$$Y_{ij}=\frac{X'_{ij}}{\sum_{i=1}^{m}X'_{ij}} \tag{6-12}$$

e_j 为创新系统第 j 个变量的管理熵值；K 为该要素的平均无序系数；Y_{ij}为 i 区域第 j 项变量的比重，即区域子系统 i 表现无序时，第 j 项变量产生的概率，且满足 $\sum Y_{ij}=1$。计算效用值如下：

$$d_j=1-e_j \tag{6-13}$$

变量的效用值和变量熵值的变动方向相反，且当变量熵值愈大时，其变量的效用值愈小，所蕴含的信息量就愈少。

$$W_j=d_j/\sum_{j=1}^{n}d_j \tag{6-14}$$

W_j 表示 j 个指标的权重。本节建立两层指标体系，需要逐一计算出一级指标和二级指标的权重值。最后计算出 i 区域第 j 项变量评价得分：

$$S_{ij}=W_j\times X'_{ij} \tag{6-15}$$

根据研究的需要，选择京津冀三地某一年（2013）的指标为例，利用熵值法计算出区域协同创新系统一级、二级指标的权重（如表 6-2 所示）。

表 6-2　京津冀区域协同创新系统指标体系权重表

一级指标	二级指标	权重
资源保障与创新支撑（0.1832）	万人科技活动人员	0.1658
	拥有大专以上学历人数占总人数比重	0.1290
	科技经费投入	0.1757
	地方财政科技支出占财政总支出比重	0.1269
	每名 R&D 活动人员新增仪器设备费	0.1787
	科技服务业新增固定资产占全社会比重	0.2240

续表

一级指标	二级指标	权重
知识创造与获取能力（0.1946）	万人 R&D 研究人员	0.1103
	R&D 经费支出占 GDP 比重	0.1127
	研究与开发机构数	0.2091
	万人科技论文数	0.0984
	万人技术成果成交金额	0.1568
	万人发明专利拥有量	0.1405
	获国家级科技成果奖系数	0.1722
知识配置与创新协同（0.2433）	作者同省异单位科技论文数	0.2442
	高校和科研机构科技资金中来自企业的比例	0.1137
	高校和企业合作项目占总研发项目比重	0.1710
	技术转让占技术市场交易金额比重	0.1217
	企业技术购买经费占总技术经费比重	0.1169
	R&D 人员中企业 R&D 人员的比重	0.1044
	R&D 经费中来自企业资金的比重	0.1280
技术应用与创新绩效（0.1994）	工业增加值中来自高技术产业的比重	0.1346
	企业 R&D 经费投入占产品销售收入比重	0.1328
	商品出口额中来自高科技产品出口的比重	0.1439
	主营业务收入中来自新产品销售收入的比重	0.1322
	高技术产业生产总值占 GDP 比重	0.1321
	高技术产业增加值率	0.1465
	科技成果转化率	0.1781
创新环境与科技进步（0.1795）	政府财政支出	0.1298
	人均居民消费支出	0.1318
	万人国际互联网用户数	0.1351
	万名就业人员专利申请量	0.1255
	万人吸纳技术成果金额	0.1709
	资本生产率	0.1597
	综合耗能产出率	0.1472

第三节　京津冀区域创新协同效应的实证分析

依据上文建立的创新系统协同效应模型及标准化处理过的数据，对京津冀各子系统的创新协同的有序度及整体协同度进行实证分析。

一、区域子系统有序度的测算

综合利用 SPPS17.0 和 DPS7.05 软件，以 2004 年为基期，依据京津冀创新系统演化的趋势和特征，测度 2004～2013 年京津冀各子系统的有序度。首先，运用式（6－2）、式（6－3）、式（6－4），测算出各子系统序参量的有序度。其中，表 6－3、表 6－4、表 6－5 分别是北京、天津、河北各子系统序参量的有序度。

表 6－3　北京子系统序参量的有序度（2004～2013 年）

有序度/年份	2004	2005	2006	2007	2008	2009	2010	2011	2012	2013
资源保障与科技支撑 μ_1（λ_{11}）	0.5072	0.5575	0.5824	0.5108	0.6170	0.5901	0.6708	0.6318	0.6895	0.7356
知识创造与获取能力 μ_1（λ_{12}）	0.5247	0.4867	0.5580	0.6268	0.5801	0.5458	0.6084	0.6790	0.6823	0.7621
知识配置与创新协同 μ_1（λ_{13}）	0.5376	0.5198	0.4986	0.5280	0.5764	0.5863	0.6114	0.5969	0.6773	0.6936
技术应用与创新绩效 μ_1（λ_{14}）	0.4716	0.5053	0.5510	0.5715	0.5919	0.5413	0.6112	0.6413	0.6448	0.7802
创新环境与科技进步 μ_1（λ_{15}）	0.4129	0.4665	0.5369	0.5795	0.6680	0.6805	0.7764	0.7487	0.8564	0.8300

表 6-4 天津子系统序参量的有序度（2004~2013 年）

有序度/年份	2004	2005	2006	2007	2008	2009	2010	2011	2012	2013
资源保障与科技支撑 μ_2（λ_{21}）	0.3597	0.3823	0.4311	0.4740	0.5272	0.4595	0.4370	0.5127	0.4794	0.5420
知识创造与获取能力 μ_2（λ_{22}）	0.3720	0.3586	0.3351	0.4489	0.3540	0.4498	0.3902	0.4490	0.5158	0.5651
知识配置与创新协同 μ_2（λ_{23}）	0.3888	0.3423	0.3721	0.3527	0.4038	0.4159	0.444	0.3964	0.4786	0.5501
技术应用与创新绩效 μ_2（λ_{24}）	0.3887	0.364	0.4158	0.4087	0.3821	0.3958	0.4360	0.4090	0.4826	0.5028
创新环境与科技进步 μ_2（λ_{25}）	0.2935	0.3541	0.3957	0.4900	0.4759	0.5378	0.6266	0.6061	0.6283	0.6439

表 6-5 河北子系统序参量的有序度（2004~2013 年）

有序度/年份	2004	2005	2006	2007	2008	2009	2010	2011	2012	2013
资源保障与科技支撑 μ_3（λ_{31}）	0.2497	0.2313	0.3317	0.2948	0.3622	0.4170	0.3649	0.4109	0.3757	0.4131
知识创造与获取能力 μ_3（λ_{32}）	0.1925	0.2855	0.3096	0.2866	0.3286	0.3717	0.3407	0.4137	0.3828	0.4215
知识配置与创新协同 μ_3（λ_{33}）	0.2140	0.2671	0.2887	0.3483	0.3004	0.3100	0.384	0.3575	0.3770	0.3934
技术应用与创新绩效 μ_3（λ_{34}）	0.1825	0.2297	0.2520	0.3232	0.2800	0.2772	0.2985	0.2800	0.3115	0.3754
创新环境与科技进步 μ_3（λ_{35}）	0.1190	0.1326	0.1926	0.2232	0.3655	0.3648	0.4156	0.5229	0.5027	0.5339

从表 6-3、表 6-4、表 6-5 看到，北京子创新系统资源保障与科技支撑、知识创造与获取能力、知识配置与创新协同、创新环境与科技进步 5 个序参量的有序度较高，且随着时间推移处于稳步提升的趋势，说明 5 个序参量对北京创新系统有序化作用较大，使系统逐步向协同有序的状态演进。其中，北京创新环境与科技进步的有序度增长较快，对创新系统有序化影响较大。天津子创新系统中 5 个序参量的有序性相对较低，上升速度较慢且处于波动态势，对天津子创新系

统的带动作用有限，但总体仍处于向有序化的态势演化。相比北京、天津而言，河北创新系统序参量有序度最低，十年内且增长十分缓慢，对系统有序进程缺乏有力的推动作用。通过比较也可发现，京津冀三个子系统的序参量有序化差距较大，对各自创新系统的贡献作用不一，也造成三个子系统有序化向非协调性的方向推移。

基于北京、天津、河北子创新系统序参量的有序度，利用式（6－4）、式（6－5），按照相同的思路，进一步用几何平均法和线性加权和法两种方法，测算出京津冀各子系统的有序度。

表 6－6　北京子创新系统的有序度（2004～2013 年）

有序度/年份	2004	2005	2006	2007	2008	2009	2010	2011	2012	2013	均值
几何平均法	0.4886	0.5062	0.5447	0.5618	0.6058	0.5868	0.6526	0.6576	0.7064	0.7589	0.6069
线性加权和法	0.4940	0.5078	0.5428	0.5620	0.6041	0.5871	0.6513	0.6554	0.7062	0.7564	0.6067

从表 6－6 可以看到，2004～2013 年，北京子创新系统的有序度水平达到 0.6067，且每年基本处于逐年递增的趋势，创新系统的有序化总体处于较高水平的稳态状态，与当前北京经济科技发展特征和演化趋势相吻合。从 2004 年起，北京创新系统的有序度处于稳定增长的趋势，2009 年有小幅度的回落，之后呈现快速提升的态势，北京创新系统有序度整体上还是有序的，但演进过程中也出现轻微的波动，创新系统有序化进程也处于不断调整转型期。随着京津冀协同发展步伐的加快，科技功能分工明确及协同创新共同体的建立，北京创新有序度会有更大的提升。

从表 6－7 看，相对于北京讲，天津创新系统有序度总体处于一般水平，2004～2013 年，天津创新系统有序度的均值为 0.4418，比北京低 0.1649，说明天津与北京科技创新有序度存在较大的差异。2008 年有序度有小幅的下降，2009 年后又开始缓慢的回升，这反映天津创新系统有序度进程仍有一定的发展空间。天津创新系统有序度逐年基本上处于上升态势，仅 2007 年和 2012 年有较大的上升幅度，其余每年上升幅度均较小，说明天津科技创新有序度的演进趋势相对较缓慢，也反映天津创新有序度进程中可能遇到一定的障碍。为此，急需找准制约天津创新有序度发展的深层次根源，破解促进有序度良性发展的突破口和路径，进一步提升天津创新系统有序度水平，增强协同创新的支撑效应。

表6－7 天津子创新系统的有序度（2004～2013年）

有序度/年份	2004	2005	2006	2007	2008	2009	2010	2011	2012	2013	均值
几何平均法	0.3587	0.3600	0.3884	0.4319	0.4240	0.4492	0.4604	0.4687	0.5140	0.5583	0.4414
线性加权和法	0.3631	0.3592	0.3887	0.4294	0.4253	0.4483	0.4634	0.4681	0.5136	0.5576	0.4418

从表6－8看，北京、天津创新系统较高的有序度，河北科技创新的有序度较低，处于较低的层次。2004～2013年，河北创新系统的有序度均值为0.3235，远低于北京、天津，与这两市科技创新有序度发展步伐不协调、不同步，也反映出河北与这两市在科技创新方面存在巨大的落差。同样，河北创新有序度上升也较为缓慢，也呈现一定的波动，但在2013年后上升较快，说明河北创新系统有序度发展仍有较大的空间和潜力。未来，河北需要整合区域科技资源，促进创新链与产业链高效衔接，搭建协同创新的网络平台，建立科技协同发展机制，不断增强科技创新的协同效应。

表6－8 河北子创新系统的有序度（2004～2013年）

有序度/年份	2004	2005	2006	2007	2008	2009	2010	2011	2012	2013	均值
几何平均法	0.1861	0.2218	0.2702	0.2920	0.3256	0.3446	0.3585	0.3889	0.3853	0.4242	0.3197
线性加权和法	0.1930	0.2325	0.2761	0.2990	0.3248	0.3449	0.3607	0.3925	0.3874	0.4241	0.3235

图6－1显示，京津冀各子创新系统有序度的差异状况及演化趋势，根据北京、天津、河北有序度的变动态势，可以把京津冀子创新系统分为三个层次，即北京创新有序度度最高，内部创新协同效应最强；天津创新有序度度较高，内部创新协同效应较强；河北创新有序度度最低，内部创新协同能力最弱。从2004～2013年京津冀各子系统有序度演变轨迹看，各子系统有序协作水平均稳步提升，整个系统基本上处于有序发展状态，也可以说京津冀创新系统处于相对协同发展的步伐。为此，可进一步考察整个系统在连续期内的协同发展轨迹。

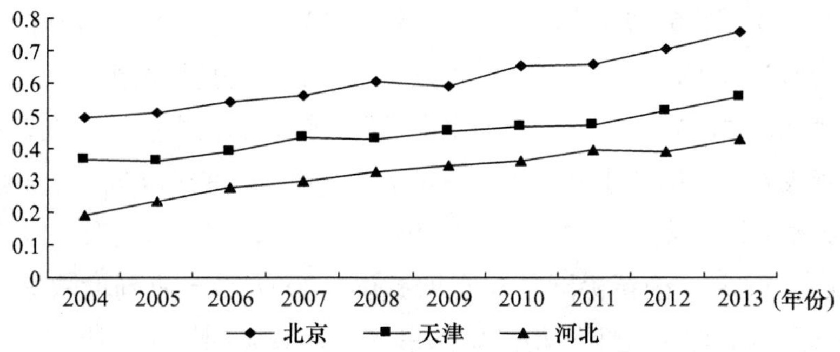

图 6－1　京津冀各子创新系统有序度的演变趋势（2004～2013 年）

二、区域整体协同度的测算

基于各子系统有序性的演变趋势，选择 2004 年为基期，利用复合系统协同度模型，测算出 2005～2013 年京津冀区域创新系统的整体协同度，并从中把握系统各年份的协同效应和演变规律。由于本章将北京、天津、河北三个地域单元作为京津冀复合系统的子系统，故需要对原模型进行稍加调整，在确定子系统权系数时选用 GDP 的指标为，采用公式 $\eta_i = GDP_i / \sum_{i=1}^{3} GDP_i$ 进行测算，其中，η_i 是 i 地区的权重，i 分别代表京津冀三个地区，如表 6－10 所示。

表 6－9　京津冀复合创新系统中各子系统的权重（2005～2013 年）

年份	2005	2006	2007	2008	2009	2010	2011	2012	2013
北京	0.3332	0.3370	0.3425	0.3279	0.3288	0.3223	0.3117	0.3114	0.3137
天津	0.1867	0.1853	0.1827	0.1982	0.2035	0.2107	0.2168	0.2244	0.2311
河北	0.4801	0.4777	0.4748	0.4738	0.4677	0.4670	0.4715	0.4641	0.4552

表 6－10　京津冀创新系统整体协同度（2005～2013 年）

年份	2005	2006	2007	2008	2009	2010	2011	2012	2013	均值
协同度	0.0159	0.0312	0.0340	0.0202	0.0235	0.0373	0.0452	0.0471	0.0459	0.0334

从表6－10、图6－2可以看到，2005～2013年，京津冀区域创新系统整体协同度的均值为0.0334，不同年份有所波动，但总体上处于曲折上升的态势，且协同程度较低，协同效应不强，协同化水平仍有较大的改进空间。京津冀创新系统协同化步伐大致经历“上升—下降—再上升—平稳”的几个阶段：2005～2007年，京津冀整体协同度逐步提升，2007年达到峰值，之后开始剧烈下降，2008年跌入低谷，京津冀创新协同效应有所减弱，2009年起协同度快速提高，到2012年步入顶峰，之后趋于平稳。总体来看，京津冀创新系统协同度波动较为剧烈，期间系统协同度最大值为0.0471，最小值为0.0202，反映出京津冀创新系统协同关系极不稳定，协同效应并未充分发挥，区域创新协同进程仍面临较多的难题和障碍。

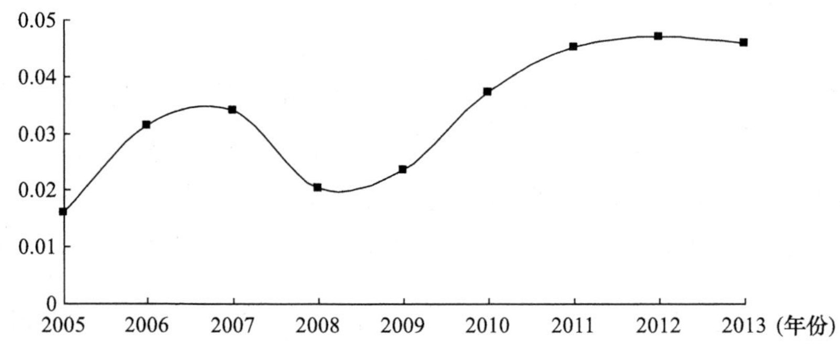

图6－2　京津冀区域创新系统协同度的演变趋势（2005～2013年）

三、结果分析

从以上结果可发现，京津冀各子创新系统有序度处于提升的状态，向着有序化的方向演进，但三地之间差距较大，北京创新协同程度最高，天津紧随其后，河北最低。造成这一结果原因主要是各地经济科技发展、创新资源布局、创新环境及创新意识的差异过大，创新水平不协调。北京在资源保障与科技支撑、知识创造与获取能力、知识配置与创新协同、创新环境与科技进步5个序参量有序度及系统有序度均较高，区域创新有序化水平远高于天津、河北。北京作为全国乃至全球重要的创新资源集聚地，创新人才、企业管理者、科技人力资源丰富，行业领先企业和科研机构众多，具有天津、河北无法企及的资源优势和创新能力。2010 年天津创新系统有序度步伐开始加快推进，有序化水平明显提升，得益于天津滨海新区开放开发后，天津重点发展高技术产业、现代装备制造业，加大对传统产业的技术改造，创新环境逐步优化，但在知识配置与创新协同、技术应用与创新绩效方面仍旧薄弱，在一定程度上会制约天津创新有序度的发展。2004 ~ 2013 年，河北创新系统各序参量有序度及系统有序度提升并不明显，有序化水平低于京津两市，体现出河北协同创新能力较弱，这与河北创新资源相对匮乏，创新主体不理想，创新机制不健全有直接的关系。由于河北仍处于工业化阶段，传统工业仍居主导地位，高技术产业比重较低，而产业升级与经济转型较慢，制约着河北创新有序化的提升。

京津冀创新系统整体上处于协同发展状态，但协同化水平极低，协同化进程缓慢，协同关系不稳定，协同效应不强，究其原因是各区域创新系统的有序度发展差异过大，未实现区域资源共享和产业链贯通，尚未形成京津冀区域协同创新的合力和网络。在固有区划体制下，区域科技资源分布失衡，无法资源共享和成果开放，创新发展格局不合理，区域合作机制尚未建立，最终导致区域创新系统“协同失灵”。

第四节　结论与问题

本章通过对京津冀创新系统创新协同效应的测度评价及差异性分析，得出以下主要结论：

（1）从资源保障与创新支撑、知识创造与获取能力、知识配置与创新协同、技术应用与创新绩效、创新环境与技术进步五个方面，构建区域创新协同效应的理论架构，通过对各指标的筛选逐渐细化出 34 个二级指标，并利用熵值法测算出一级、二级指标的权系数。

（2）2004 ~2013 年，北京子创新系统的有序度的均值为 0. 6067，创新有序化程度最高，创新协同效应最强；天津子创新系统的有序度的均值为 0. 4418，创新有序化程度居中，创新协同效应较强；河北子创新系统的有序度均值为0.3235，创新有序化程度最低，创新协同效应最弱。

（3）各子创新系统内部序参量之间的有序度差异较小，各子系统内部有序度相对稳定，并处于各自稳步提升的状态，但各子创新系统之间有序度差异较大，各子系统有序化发展不协调、发展水平不同步。

（4）2005～2013年，京津冀区域创新系统整体协同效应是处于提升状态，但协同化水平较低，协同效应较弱，并且期间处于剧烈反复波动的态势，表明京津冀创新系统内部协同关系极不稳定，整体协同效应尚未充分发挥，协同进程遇到较多的障碍和矛盾。

依据研究结论，京津冀区域创新系统“协同失灵”存在如下主要问题：

（1）区域创新资源无法顺转和共享，协同创新支撑能力不足。三地科技资源配置不均衡，科技发展水平差距悬殊，导致创新资源无法顺转和共享，重点领域、重点学科尚未资源整合和要素对接；京津集聚了大量的优质科技资源，由于市场壁垒依然存在，区域创新资源无法重组，导致区域协同创新支撑能力不足。

（2）区域科技分工定位不明确，区域协同创新体尚未形成。三地科技定位衔接不够，功能交叉分工不合理，尚未形成优势互补、分工协作的创新发展格局；区域各类创新主体技术交流和科技合作不畅，产业链和科技链衔接不足，影响区域科技创新战略联盟的建立，导致区域整体协同创新效应不强。

（3）创新成果无法共享共用，区域创新服务体系不完善。三地科技体系存在明显“断层”，科技成果无法开放共享，导致创新成果在本地转化率偏低，影响地区的整体科技化水平；三地企业、高校、科研机构联系不密切，人才、技术、资金无法自由流动，尚未形成强有力的产学研联合体，也未形成统一的成果转化和技术交易服务体系。

本章小结

本章从中观路径出发，以京津冀三地为空间单元，从资源保障、知识创造、创新配置、创新应用、科技进步五个层次构建区域协同创新系统的指标理论架构，并运用复合系统计量模型，实证检验京津冀各子创新系统的有序度及整体协同度，探讨京津冀创新协同效应的演变规律。结果表明，在考察期内北京创新有序化程度最高，天津有序化程度较高，河北最弱；各子系统内部有序性相对稳定，但各子系统之间有序度差距较大，有序性不协调、不同步；京津冀区域创新系统整体协同效应是处于提升状态，但协同化水平较低，协同效应较弱。基于京津冀地区整体协同效应不强及各地区有序度差异较大的现状，应尽快建立京津冀协同创新共同体，重组区域创新资源、贯通产业链条、弥合发展差距；加强区域重点领域、重点学科资源整合和要素对接，联合组建产业技术创新战略联盟；促进企业、高校、科研机构开展跨区域的研发合作和技术交流，构建合理分工的创新发展格局。

第七章　宏观维度：京津冀区域科技创新与经济增长的互动效应

国际经验表明，科技创新能最大限度释放发展潜能、催生相关新兴产业、推动人力资源智能化，促进产业升级与经济转型，从而推动地区经济增长与质量提升。京津冀区域是我国创新水平最高、经济发展最具活力、城镇化发展较快的地区之一。那么科技创新对京津冀经济增长的带动作用如何？它们之间是否会有交互关系与动态效应？仍需实证检验。国内外对科技创新作用区域经济增长的研究较为广泛，其研究理论、方法具有一定的借鉴意义。但研究主要以研发经费与经济增长、人力资本与经济增长、技术存量与经济增长等两者之间的探讨，缺乏四者之间的动态效应研究，具体到某一地区的研究更少。鉴于此，有必要深入探讨科技财力和科技人力、科技存量与京津冀地区经济增长的动态交互关系与演变规律。

科技创新效应的宏观路径，主要从京津冀整体层面入手，探讨京津冀科技创新的增长效应，即科技创新对京津冀经济增长的作用和影响，剖析科技创新与该地区经济增长的演变关系。本章首先从不同层面、不同角度描述京津冀科技创新与经济增长的动态演变及交互关系，探讨京津冀科技与经济互动发展的规律；其次构建 VAR 模型实证分析研发经费、研发人员、科技存量与京津冀经济发展的动态关系与互动机制，全面探讨京津冀科技创新的经济增长效应；最后依据研究结果提出有针对性的建议，明确京津冀经济增长的新路径与新思路。

第一节　研发投入、科技产出与京津冀经济增长的交互关系

一、基于整体层面的分析

京津冀地区科技创新领先、创新资源密集、经济基础雄厚，科技与经济融合发展的趋势愈加明显。1998～2013年京津冀地区GDP从8023.59亿元突破到62170.6亿元，增长了7.75倍，年均增长率达到了14.62%，比全国高出1.05%，而2013年京津冀地区GDP占到全国的10.57%，表明该地区经济增长势头非常迅猛。与此同时，京津冀科技创新活动和科技存量也取得显著的进步，科技投入和产出大幅度增长，综合科技进步水平显著提高。1998～2013年，京津冀地区R&D经费支出、R&D人员投入、专利授权量、技术市场成交额年均增长率分别达到了19.85%、9.22%、19.91%、24.68%，除R&D人员投入外，其他指标的增长率均高于该地区的经济增长率（见图7－1）。从科技创新和经济发展的规律看，科技创新通过研发活动的投入，会产生直接知识产出和间接经济产出，会导致科技和经济的融合发展，促进技术扩散和应用、催生相关高科技产业，进而推动经济快速发展和经济质量提高。

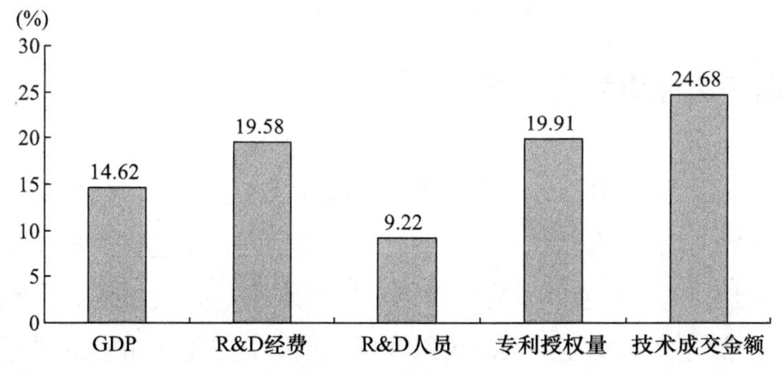

图7－1　京津冀科技创新各指标与GDP的年均增长率（1998～2013年）

为了更直观地体现京津冀地区经济增长与研发投入、科技产出的交互关系，可以考察京津冀地区研发经费和人员的投入、专利授权量、技术市场成交金额与经济增长的时间序列散点图的变动趋势。从图7－2可以看到，四条曲线各变量之间线性关系十分显著，存在较强的相关性，反映出京津冀地区科技创新与经济增长存在明显的交互关系，即科技创新对京津冀经济增长的推动作用较为显著，同时，该地区的经济增长也极大地推动创新投入和创新产出的增加。

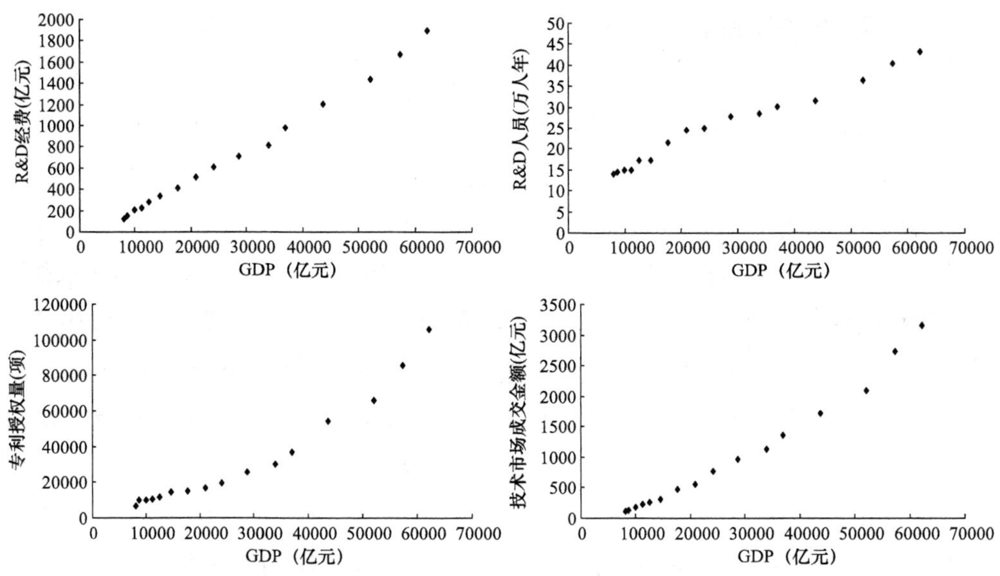

图7－2　京津冀科技创新各指标与经济增长的散点图（1998～2013年）

二、基于区域层面的分析

由于三地之间资源禀赋、科技水平和发展环境的差异巨大，导致京津冀三地经济发展水平处于不同的梯度，而经济发展差距巨大，反过来又影响各地的科技发展水平。图7－3显示了京津冀三地经济发展水平与研发投入、专利授权、技术市场成交金额之间的交互关系。可以发现，京津冀三地经济发展进程与科技创新、技术存量的变动趋势大体一致，经济增长随着创新投入、创新产出的增加而加快，经济的快速增长又反过来提高科技创新的水平，各地区经济增长与科技创新、技术存量均显现出较强的相关性。

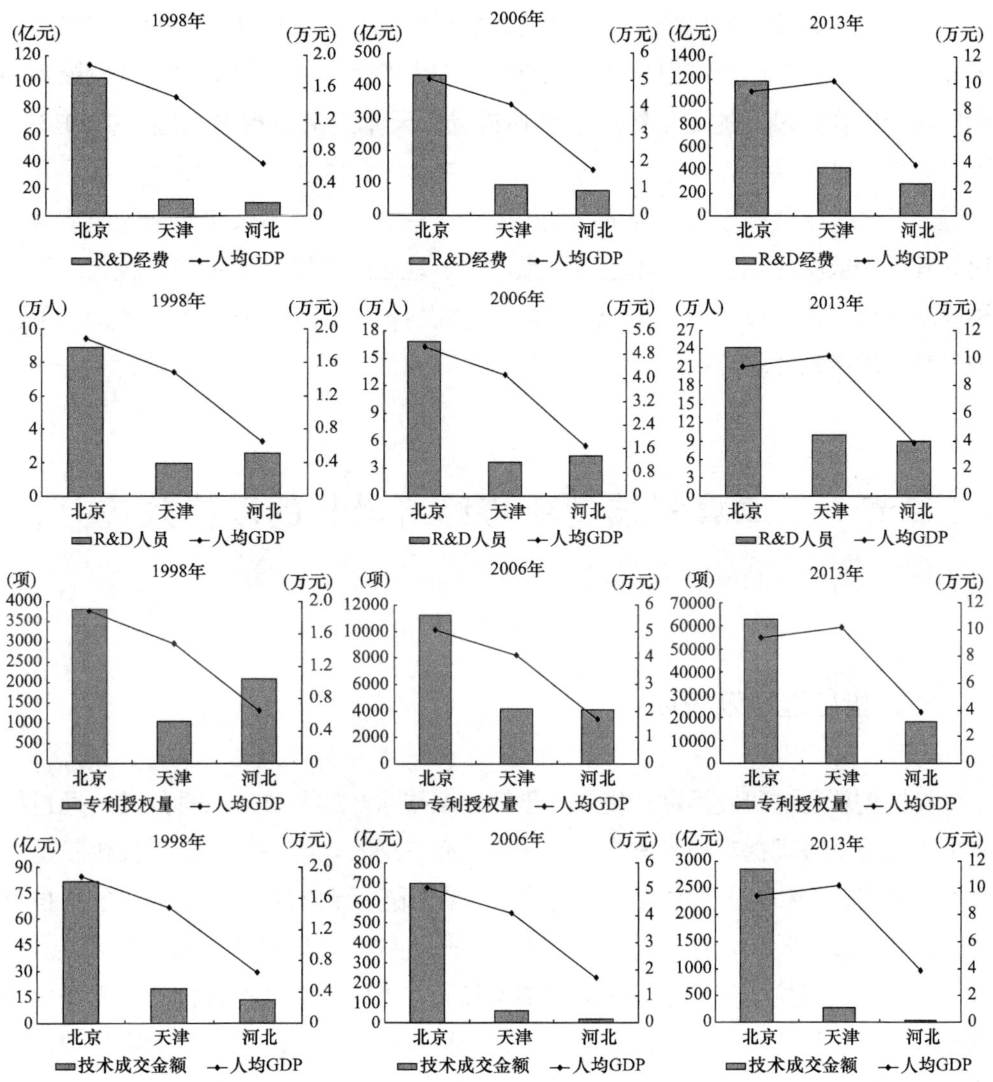

图7－3　京津冀各地区科技创新与经济增长的变化趋势（1998～2013年）

从科技投入看，无论是研发经费投入，还是研发人员投入，北京都领先于天津、河北两地，北京较高的科技投入与较高的经济发展水平相适应，而河北创新投入和经济发展水平均是最低的。表明京津冀地区经济发展水平越高的地区，其创新资金与人力资本越强，越有利于创新要素集聚，进而促进该地区技术进步与经济发展。从科技产出看，在专利授权量和技术市场成交金额方面北京远高于天津、河北，与其较高的科技投入、经济发展程度相一致。虽然天津的经济发展水平直逼北京，但在创新产出方面与北京仍有较大的差距，而河北在经济发展水平和创新产出均是最低的。从经济增长趋势看，天津经济发展突飞猛进，2013 年天津人均 GDP 达到 10. 17 万元，略高于北京，与相对较低的科技创新水平并不适应，表明天津科技创新对经济增长的影响作用有限，或者天津快速的经济增长另有其他深层次的原因。总体上讲，京津冀各地区经济发展水平差距较大，从某种程度导致了科技投入、科技产出的差异，而科技创新的差异又进一步加剧了各地区经济发展的非均衡性。

第二节　京津冀科技创新与经济增长的动态效应分析

一、指标选取及说明

科技创新通过研发活动产生知识创新、高技术产品及先进管理经验，通过技术扩散和技术协同提高技术进步，进而促进经济增长与经济转型。科技创新是以大学、科研机构和企业等创新主体为中心，在创新活动的过程中，大量的科技财力和人力的投入及技术存量是必不可少的，也是技术进步和经济增长的关键。根据上文描述，科技创新已成为地区经济增长的强大引擎，从科技创新实现条件的角度分析区域经济增长的因素是合理的，但科技创新和经济增长的动态稳定性和因果关系仍需实证验证。本节以京津冀历年的研发人员数量、研发经费的投入及科技存量为自变量，以地区生产总值为因变量。其中，研发人员反映从事创新活动的人力投入；研发经费表示用于创新活动中财力支出；科技存量是科技活动的基础，本章用专利授权量来表示科技存量，由于专利授权量表示科学研究活动的知识产出和技术水平状况，为新的研究提高创新支持和技术基础；用地区生产总值作为因变量，主要由于生产总值是所有科技创新活动促进经济增长的最终体现。

此外，研发人员投入、研发经费支出和科技存量对区域经济增长的影响时，存在技术投资和实际效应的时间滞后性问题，故选择两年的滞后期。为此，投入变量选择 1995 ~ 2012 年京津冀地区的数据，产出变量选择 1997 ~ 2014 年的数据，研发投入选用 R&D 经费（RD）、研发人员选用 R&D 人员全时当量（RP）、科技存量选用专利授权量（ZL）、地区产生总值（GDP）。其中，R&D 经费和 R&D 人员属于投入变量，科技存量和地区生产总值中属于产出变量。为消除 GDP 价格影响，便于年度之间的数据进行比较，选择以 1997 年为基期，将 1998 ~ 2014 年的名义 GDP 折算成以 1997 年为基期的实际 GDP，以此数据作为产出变量。同理，R&D 投入也折算成不变价格的 R&D 数据，作为投入变量。

二、VAR 模型

向量自回归（VAR）模型是由多元时间序列变量组成的多方程联立模型，通过对方程内相同内生变量的滞后期进行回归，从而揭示全部内生变量之间的动态效应。向量自回归模型可以检验具有相互关联的时间序列系统，分析变量系统受到动态冲击时的随机扰动项的变动，从而可以揭示各种因素冲击对时间变量产生的作用。VAR 模型的基本表达式为：

$$y_t = A_1 y_{t-1} + A_2 y_{t-2} + \cdots + A_p y_{t-p} + Bx_t + \mu_t \qquad (t=1, 2, \cdots, n) \qquad (7-1)$$

式中，y_t 为 k 维内生变量向量，x_t 为 d 维外生变量向量，μ_t 为 k 维误差向量 A_1，A_2，…，A_p，B 表示待估系数矩阵。上述模型包含外生变量，那么不含外生变量的向量自回归模型表达式，可写成如下形式：

$$\begin{bmatrix} y_{1t} \\ y_{2t} \\ \vdots \\ y_{kt} \end{bmatrix} = A_1 \begin{bmatrix} y_{1t-1} \\ y_{2t-1} \\ \vdots \\ y_{kt-1} \end{bmatrix} + A_2 \begin{bmatrix} y_{1t-2} \\ y_{2t-2} \\ \vdots \\ y_{kt-2} \end{bmatrix} + \cdots + A_p \begin{bmatrix} y_{1t-p} \\ y_{2t-p} \\ \vdots \\ y_{kt-p} \end{bmatrix} + \begin{bmatrix} \mu_{1t} \\ \mu_{2t} \\ \vdots \\ \mu_{kt} \end{bmatrix} \quad (t=1, 2, \cdots, n)$$

$$(7-2)$$

当矩阵 det［A（L）］的所有根都落在单位圆外时，表明式（7－2）才达到稳定性条件。该模型中所有方程的右边都包含内生变量的滞后项，其中，滞后项和误差向量μ_t存在渐进不相关的关系，为此可用普通最小二乘法（OLS）对方程进行估计。

本章旨在研究 RD、RP、ZL 与京津冀区域经济增长之间的动态效应。为去掉各种指标可能产生的异方差性，需对上述数据做对数处理，分别用 inRD、inRP、inZL、inGDP 表示。为此，对模型做进一步修正，建立一个包含 R&D 经费、R&D 人员、科技存量与地区生产总值四个变量的 VAR 模型：

$$Y_t = \mu + \prod_1 Y_{t-1} + \prod_2 Y_{t-2} + \prod_3 Y_{t-3} + \cdots + \prod_k Y_{t-k} + \varepsilon_t \tag{7-3}$$

式中，$Y_t = (\ln RD_t, \ln RP_t, \ln ZL_t, \ln GDP_t)$，$\mu = (\mu_1, \mu_2, \mu_3, \mu_4)$，假定$\varepsilon_t$为白噪声序列，即$E(\varepsilon_t)=0$。也可以将上述 VAR 模型关系式改写成矩阵形式：

$$\begin{bmatrix} \ln GDP_t \\ \ln RD_t \\ \ln RP_t \\ \ln ZL_t \end{bmatrix} = \begin{bmatrix} \mu_1 \\ \mu_2 \\ \mu_3 \\ \mu_4 \end{bmatrix} + \Pi_1 \begin{bmatrix} \ln GDP_{t-1} \\ \ln RD_{t-1} \\ \ln RP_{t-1} \\ \ln ZL_{t-1} \end{bmatrix} + \Pi_2 \begin{bmatrix} \ln GDP_{t-2} \\ \ln RD_{t-2} \\ \ln RP_{t-2} \\ \ln ZL_{t-2} \end{bmatrix} + \cdots + \Pi_k \begin{bmatrix} \ln GDP_{t-k} \\ \ln RD_{t-k} \\ \ln RP_{t-k} \\ \ln ZL_{t-k} \end{bmatrix} + \begin{bmatrix} \varepsilon_{1t} \\ \varepsilon_{2t} \\ \varepsilon_{3t} \\ \varepsilon_{4t} \end{bmatrix} \tag{7-4}$$

三、实证检验

（一）单位根检验

由于大多数原始数据是非平稳的，是随时间随机游走的过程，不利于经济现象的解释，为避免研究出现伪回归，故选用较有效的 ADF 检验法来验证时间变量的平稳性。表 7－1 检验显示，lnRD、lnRP、lnZL、lnGDP ADF 检验值在 1% 的显著水平下均大于其临界值，可以判定原时间变量存在单位根，具有非稳性。通过一阶差分处理后，新变量序列 DlnRD、DlnRP、DlnZL、DlnGDP 均通过 1% 水平下的平稳性检验，可以断定新变量具有平稳性。为此，可以进一步构建 VAR 模型并对模型的稳定性进行验证。

表7－1　各变量的ADF检验结果

变量	ADF检验值	1% level临界值	结论
lnRD	－2. 375042	－4. 432157	不平稳
DlnRD	－5. 703846	－3. 052169	平稳
lnRP	－0. 941547	－4. 690439	不平稳
DlnRP	－4. 924896	－3. 886751	平稳
lnZL	－1. 983599	－6. 444593	不平稳
DlnZL	－4. 004425	－3. 198896	平稳
lnGDP	－4. 521268	－6. 972238	不平稳
DlnGDP	－4. 206883	－3. 886751	平稳

（二）Johansen协整检验

由单位根检验可知，lnGDP、lnRD、lnRP、lnZL为一阶单整序列。可以利用Johansen协整检验，来验证两个或多个不平稳的时间变量是否具有长期稳定的均衡关系，依据统计量与临界值的比较及P值的大小可以来判定。如表7－2所示，在5%的显著水平下，统计量32. 4377大于26. 7971，拒绝原假设；统计量7. 35932小于15. 8415，接受原假设，可以判定只有一个向量满足条件。说明时间序列之间具有长期协整关系并且仅有一个协整关系。

表7－2　Johansen协整检验结果

假设向量个数	特征值	迹检验统计量	5%临界值	P值	最大特征值	5%临界值	P值
None	0. 6339	32. 4377	26. 7971	0. 0008	16. 0784	21. 1316	0. 0008
At most 1	0. 4161	7. 35932	15. 8415	0. 3202	8. 6087	14. 2645	0. 3202

同时，可以得到变量间的协整方程：

$$\ln GDP = 0.236684\ln RD + 0.09628\ln RP + 0.06284\ln ZL + 0.074384 \quad (7-5)$$

由此可知，变量lnGDP与变量lnRD、lnRP、lnZL之间存在长期的变动趋势，当研发经费增加1%，经济总量增加0. 237%；当研发人力增加1%，经济总量增加0. 096%；当技术存量增加1%，经济总量增加0. 063%。这说明京津冀地区研发经费、研发人力、科技存量与经济增长存在正向长期均衡关系。

（三）VAR 模型建立及稳定性检验

为了进一步分析科技创新与经济增长的动态关系，本节以京津冀区域经济增长（lnGDP）、研发财力投入（lnRD）、研发人力投入（lnRP）和技术存量（lnZL）4 个变量来构建 VAR 模型。通过对模型似然函数值和信息量进行综合判断，依据 AIC、SC 两个信息量最小化的特征，通过多次对比验证，把最优滞后期设定为 2 阶。

基于此检验结果，本节建立 VAR（2）模型，依据 Eviews6.0 的输出结果，建立如下回归方程式，即：

$$DlnGDP = 0.741DlnGDP(-1) + 0.087DlnGDP(-2) + 0.251DlnRD(-1) + 0.087DlnRD(-2) - 0.231DlnRP(-1) + 0.059DlnRP(-2) + 0.053DlnZL(-1) + 0.081DlnZL(-2) + 1.954$$

$$DlnRDF = -0.043DlnGDP(-1) - 0.082DlnGDP(-2) + 0.672DlnRD(-1) + 0.560DlnRD(-2) - 0.030DlnRP(-1) - 0.355DlnRP(-2) + 0.334DlnZL(-1) - 0.353DlnZL(-2) + 1.399$$

$$DlnRDP = 0.706DlnGDP(-1) - 0.495DlnGDP(-2) - 0.489DlnRD(-1) + 0.544DlnRD(-2) + 0.494DlnRP(-1) - 0.159DlnRP(-2) - 0.004DlnZL(-1) + 0.079DlnZL(-2) - 1.039$$

$$DlnZL = -0.755DlnGDP(-1) + 1.793DlnGDP(-2) + 0.085DlnRD(-1) - 0.507DlnRD(-2) - 0.175DlnRP(-1) + 0.152DlnRP(-2) + 0.765DlnZL(-1) - 0.143DlnZL(-2) - 3.696$$

整个模型的 R^2 为0.998911，调整后的 R^2 为0.997821，表明该模型拟合优度较高，具有较强的解释力。回归方程建立后，还需要验证模型的稳定性。采用 AR 根图表法验证模型的稳定性，若 VAR 模型所有根模的倒数都小于 1，即都落在单位圆内，则可以判定模型是稳定的；反之，说明模型不具有稳定性。如图 7-4所示，VAR 模型符合稳定性条件，没有根落在单位圆外，由此可判断，本节建立的 VAR（2）模型具有稳定性。也就是说，京津冀地区研发经费、研发人力、科技存量与经济增长所构成的经济系统整体上是稳定的。

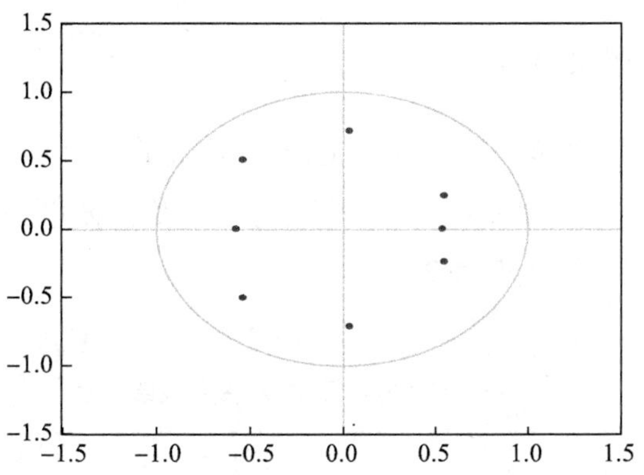

图 7－4　VAR（2）模型中 AR 根的图

根据 VAR（2）模型得出如下结论：

（1）研发财力投入对经济增长的作用。研发经费滞后 1 期和滞后 2 期对京津冀地区 GDP 的影响系数分别为 0. 251、0. 087，介于 0 和 1 之间。这说明，研发财力投入增长会促进京津冀地区 GDP 增长，但 GDP 增长率将会放缓。一方面，科研经费增加会加快科技创新，增加科技产出，从而推动经济增长；另一方面，随着研发经费投入的增长，由于经费配置不均和管理不当，会降低经费的使用效率，产生规模递减效应。

（2）研发人力投入对经济增长的作用。研发人力滞后 1 期和滞后 2 期对对京津冀地区 GDP 的影响系数分别为－0. 231 和 0. 059，说明科技人力的增加并不会立即对经济产生影响，但长远看会推动经济增长。由于研发人员作为一种无形的科技资源，但注入到科技活动中，通常经过较长时间才会有科技成果，科技成果作用于实际生产后才会对经济产生影响，也反映出人力资本对经济有一定的滞后性。

（3）技术存量对经济增长的作用。专利授权滞后 1 期和滞后 2 期对地区经济的影响系数分别为 0. 053、0. 081，说明技术存量对经济增长效果较为显著，且随着技术存量的积累对经济推动效果更加突出。技术存量作为一种核心科技资源，能最大限度释放发展潜能，催生新兴产业，促进经济转型和质量提升，并且规模递增效应十分明显。

（四）Granger 因果检验

为确定科技创新各变量与京津冀地区经济增长的相互关系，利用 Granger 因果关系进行验证。根据上文 AIC 和 SC 准则的结果及科技创新对经济发展的滞后性因素，本节选择最终滞后期为 2。

表 7－3　Granger 因果关系检验结果表

原假设	F 统计量	P 值	结论
DlnRD does not Granger Cause DLNGDP	9. 80055	0. 0069	拒绝原假设
DlnGDP does not Granger Cause DLNRD	14. 9370	0. 0015	拒绝原假设
DlnRP does not Granger Cause DLNGDP	0. 78143	0. 0307	拒绝原假设
DlnGDP does not Granger Cause DLNRP	6. 83307	0. 0195	拒绝原假设
DlnZL does not Granger Cause DLNGDP	21. 9779	0. 0003	拒绝原假设
DlnGDP does not Granger Cause DLNLZL	2. 84831	0. 1121	接受原假设

从表 7－3 可看到，在 1% 的显著水平下，DLNRD 和 DLNGDP 互为显著因果关系，这意味着研发经费的变动将会带来京津冀地区经济增长的变动，同时，京津冀经济增长也会引起科技经费的增加。同样，在 5% 的显著水平下，DLNRP 和 DLNGDP 也互为因果关系，表明随着京津冀地区科技人才的增长将会促进该地区经济的快速增长，京津冀经济增长也会增加对人力资源的需求。虽然科技财力、科技人力与经济增长均为互为因果关系，但科技财力对经济增长的影响作用要显著于科技人力。在 1% 的显著水平下，DLNZL 是 DLNGDP 的 Granger 因，但 DLNGDP 不是 DLNZL 的 Granger 因，这说明科技存量的增加会对京津冀地区经济增长有促进作用，但经济增长并未对科技存量有显著的促进作用。

（五）脉冲响应函数分析

为系统考察科技创新与京津冀地区经济增长的短期动态关系，引入脉冲响应函数分析这一问题。脉冲响应函数用来揭示一个内生变量因误差项受到冲击后的反应情况，对内生变量的当期值和未来值所产生的影响程度。如图 7－5 所示，当 DlnRD、DlnRP、DlnZL 受到 DlnGDP 的短期正向冲击后，3 个变量脉冲效应明

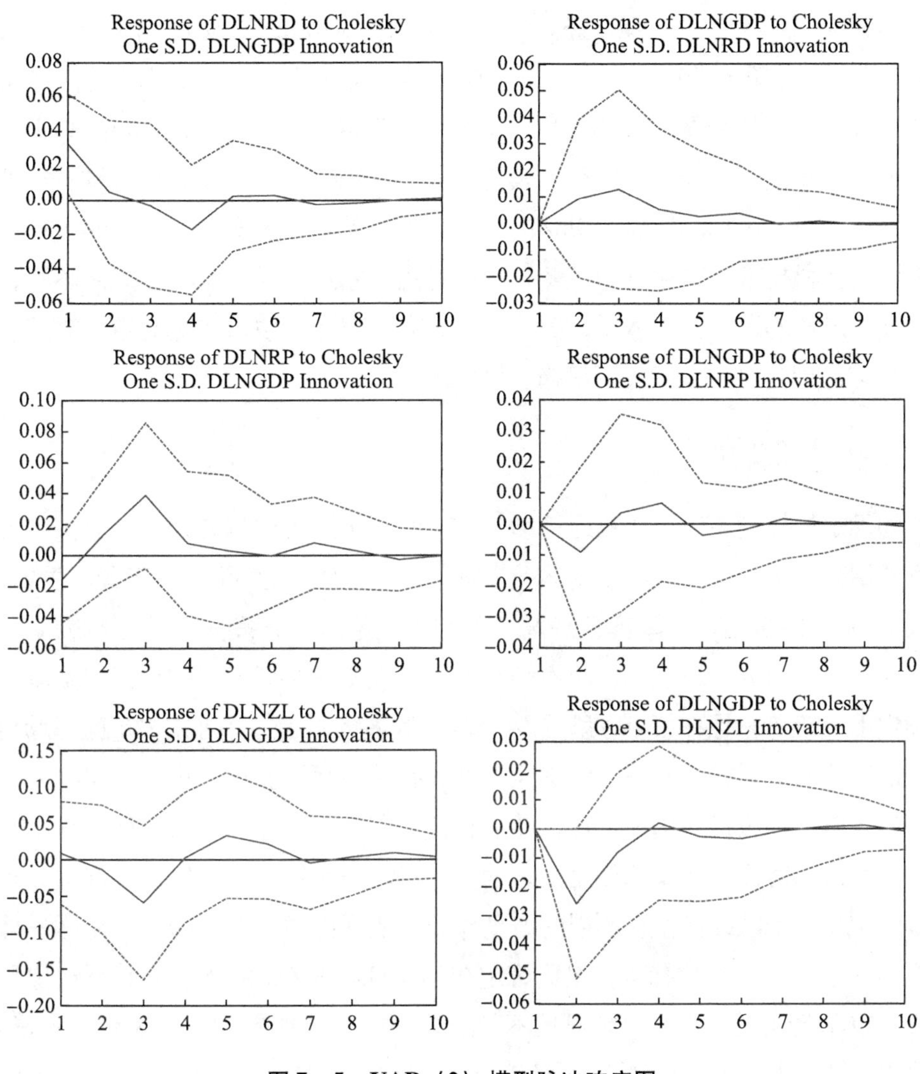

图 7－5　VAR（2）模型脉冲响应图

显，但都表现出波动态势。DlnRP 和 DlnZL 的脉冲响应效果要显著于 DlnRD，并分别在第 3 期和第 5 期达到峰值，表明京津冀地区经济增长对科技人力和科技存量的增长效应要强于研发经费。其中，DlnRD、DlnZL 在短期内均呈现正负波动的态势，DlnRD 在第 1 期响应最大，第 4 期达到低谷，之后开始稳定在零增长的均衡状态，说明经济增长对研发经费的影响逐渐消失。DlnZL 在短期内呈现先下降后上升的波动态势，长期处于稳定增长趋势，表明经济增长对科技存量的增加具有较强的拉动作用。当 DlnGDP 分别受到 DlnRD、DlnRP、DlnZL 的冲击后，也产生不同的响应程度和响应路径。其中，DlnRD 对 DlnGDP 脉冲响应强于 DlnRP 和 DlnZL，并在第 3 期达到最大，表明科技经费投入的增长对京津冀地区经济推动作用较大，但长期看其影响作用逐渐减弱。DlnRP 对 DlnGDP 的冲击第 4 期响应最大，第 6 期后逐渐趋于平稳，表明人力资本的投入对京津冀经济增长短期影响较大，但长期影响不显著。DlnZL 对京津冀地区经济增长的作用不明显，主要由于该地区科技就地转化能力较低，本地对高技术的吸纳、孵化、应用不强，影响高技术产业的发展。总体看，研发经费、人力资本、技术存量对京津冀地区经济增长呈正相关关系，但长期都趋于平稳。

（六）方差分解

为确定科技创新对京津冀经济增长贡献的大小，可进行方差分解分析。方差分解是用来分析每个系统冲击对内生变量变动产生影响的程度来衡量其重要性。从表 7－4 可以看出，京津冀经济增长受到研发经费和研发人力的影响较大，而技术存量对其影响相对较小。研发经费投入对京津冀地区经济的贡献率基本上处于稳定上升趋势，且在第 10 期达到 4.651% 的最大水平，体现出该地区作为科技创新最富集的地区，研发投入对其经济增长有着较强的促进作用。而研发人力首先引起京津冀地区经济增长加速，然后稳定在第 7 期 3.226% 的均衡水平上，之后，研发人力对经济增长的作用逐渐消失。相对研发经费和研发人力而言，科技存量对京津冀地区经济呈现明显的波动作用，表现出“增强—减弱—增强—减弱—增强—稳定”的变化趋势，最后稳定在第 8 期 1.866% 的水平上，反映出科技存量对京津冀地区经济作用有限且不稳定，并未有效地带动该地区经济的增长。总体看，研发财力对京津冀地区经济增长的贡献度最高，研发人力的贡献度其次，科技存量的贡献度最低。

表 7－4　京津冀地区经济增长的方差分解表

Variance Decomposition of DLNGDP					
Period	S. E.	DlnGDP	DlnRD	DlnRP	DlnZL
1	0.041119	100.0000	0.000000	0.000000	0.000000
2	0.047178	92.07925	3.493870	2.778412	1.648467
3	0.048224	90.33475	4.624505	3.173105	1.867641
4	0.048320	90.27568	4.637655	3.221395	1.865268

续表

Variance Decomposition of DLNGDP					
Period	S. E.	DlnGDP	DlnRD	DlnRP	DlnZL
5	0.048331	90.25808	4.650667	3.225379	1.865870
6	0.048332	90.25791	4.650532	3.225720	1.865842
7	0.048332	90.25769	4.650724	3.225736	1.865848
8	0.048332	90.25767	4.650738	3.225736	1.865852
9	0.048332	90.25767	4.650743	3.225736	1.865852
10	0.048332	90.25767	4.650744	3.225736	1.865852

第三节　结论与问题

本章通过科技经费和人力投入、科技存量与京津冀经济增长的交互关系及动态演变趋势分析，得出以下主要结论：

（1）京津冀科研经费、科技人力、科技存量增长率都高于经济总量的增长率，从整体层面看，研发财力投入、研发人力投入、科技存量与经济总量的演变趋势基本保持一致；从区域层面看，三地之间科技创新各变量与经济增长的演变趋势不尽一致，内部差异较大。

（2）依据 Johansen 协整检验结果，京津冀地区研发经费、研发人力、科技存量与经济增长存在正向长期均衡关系。其中，研发经费投入对经济增长长期影响较大，这也为京津冀经济长期稳定增长提供了有效的依据。

（3）依据 Granger 因果关系检验，研发经费、科技人力与京津冀经济增长互为因果关系，研发经费和研发人力投入的变动会引起京津冀经济增长的变动，同时，京津冀经济增长也会促进科技财力和人力的提高；而科技存量与经济增长并不是互为因果关系，仅科技存量对京津冀经济发展有推动作用。

（4）依据脉冲响应结果，在短期内，科研经费与京津冀地区经济增长互动关系较为显著，科技财力投入对京津冀经济增长具有显著的正向带动作用；科技人力投入对京津冀经济增长短期影响也较大，但长期影响趋于平稳；科技存量对京津冀经济增长呈现较弱的正向带动作用。

（5）依据方差分解结果，科研经费投入对京津冀经济增长的贡献度最大且处于稳步上升态势，最大贡献率达到4.65%；科技人力的贡献度相对较弱，且贡献度稳定在3.23%的水平上，之后作用逐渐消失；而科技存量的贡献度最弱且十分不稳定。

依据研究结论，京津冀科技创新对于经济增长方面存在如下主要问题：

（1）科技创新与经济增长存在相关性，但区域内部之间差异显著。京津冀科技创新与经济增长的演变趋势步调一致，但科技创新增长势头快于经济增长，反映出科技创新对经济的带动作用相对有限；三地科技创新水平发展差异较大，加剧各地区经济发展的非均衡性，科技与经济相互制约作用依然存在。

（2）科技创新与经济增长保持长期均衡关系，但科技创新各变量对经济影响效用不一。长期看，科技财力投入对经济增长影响效果强于科技人力、技术存量，如何改善科技投入结构、增加技术积累来促进经济增长尤为重要；短期看，技术存量与经济增长的互动效应不明显，技术积累没有很好发挥对经济的推动作用，主要由于科技创新就地孵化转化能力偏低。

（3）科技投入、技术存量对经济增长贡献度不协同，因果关系不一致。科技人力和财力对经济增长的贡献度明显高于技术存量，技术积累与经济增长分化独立运行且互动关系不稳定；科技财力、人力与经济增长因果关系较为显著，但科技存量与经济增长仅存在单项因果关系。

本章小结

本章从宏观路径出发，从不同层面梳理了科技投入、技术存量与京津冀经济增长的交互关系，构建时间动态序列模型，并综合运用多种检验方法，实证检验了科技投入、技术存量对京津冀经济增长的动态效应及影响因素。结果表明，京津冀研发经费、研发人员、技术存量与经济增长的变动趋势区域一致；京津冀地区科技经费、科技人力、科技存量与经济增长存在正向长期均衡关系；研发经费对经济增长的推动作用较为明显，科技人力其次，技术存量最弱；科研经费投入对京津冀经济增长的贡献度最大且处于稳步上升态势；研发经费、研发人力与京津冀经济增长互为因果关系，而科技存量与经济增长并不是互为因果关系。针对京津冀科技创新与区域经济增长的交互关系与动态发展趋势，应注重科技投入、科技存量与经济增长的相互促进、协同发展，保持科技经费稳步增长，增加和优化人力资源供给，注重科技产出和技术存量积累，最大限度发挥科技创新对区域经济增长的带动作用。

第八章　京津冀科技创新效应的机制保障

实施创新驱动、发挥创新效应，对整合地区创新资源、完善地区创新体系、调整地区经济结构的作用越来越重要。针对京津冀科技创新的发展态势与能力格局、空间溢出效应、协同效应、经济增长效应的制约因素与深层根源，应建立有利于区域科技和经济相结合、科技链和产业链相衔接、企业与研发单位相协同、政府与市场相协调的新机制和新路径，切实加快京津冀改革创新步伐、破解制约科技创新的壁垒和障碍、提升科技创新的综合效应。

第一节　健全创新要素跨区流动机制，实现创新资源合理配置

创新要素具有很强的集聚效应与规模效应特征，其集聚趋势和程度明显高于经济活动。目前，京津冀地区创新要素资源配置、创新能力、创新效率均存在明显的集聚和极化特征，北京集聚了大量的科技资源和创新要素，科技资源在京津冀分布不均衡，且创新要素的集聚度已经超过经济集聚度，并且有进一步扩大的趋势。因此，加快创新要素跨区顺畅流动，推进创新资源合理配置，可以提升科技创新水平、弥合地区创新差距，共同打造区域创新发展高地。

一、健全创新要素跨区流动机制

创新要素资源配置反映了一个区域科技资源总量及其在各地区、各部分的比例和科技资源的运行情况。创新要素的有序流动和科技资源的优化配置成为各地

区科技管理和创新政策优先关注的核心问题之一。京津冀科技资源配置应顺应市场规律、符合创新要求，通过打破区域垄断，促进区间信息、科技、人才的交流，消除制约创新要素跨区流动的制度障碍，注重创新要素布局与生产力布局相匹配，促进科技要素合理配置。采用市场和计划相结合的资源配置方式，整合区域创新要素，推动创新要素向创新需求最急切、创新领域最集中、创新环境最适宜的地区转移，实现创新资源在京津冀地区不同创新主体、不同创新领域、不同地区合理分配。整合高端创新要素，促进高端要素向重点学科、重点领域快速集聚和顺畅流动，提升科研设施和科技创新的集聚优势。积极吸引全球高端科技要素，加强与跨国公司研发中心、国际知名科技研究机构和创新组织的交流和合作，引导关键创新要素向京津冀地区集聚。

二、促进创新资源开放与共享

京津冀地区是我国科技资源最集中、智力资源最丰富的地区之一，由于历史原因和体制障碍，京津冀地区科技力量条块分割严重，各地区、各部门科技力量相互隔离，造成三地科技资源分配不均、科技资源利用低效，致使科技创新的扩散效应、协同效应未能充分发挥。因此，有必要通过协商、合作推进三地科技资源相互开放和共享，加快区域科技创新体系建设，重组三地各类科技资源，发挥集成效应，推进科技合作，消除科技资源分布不均、利用低效的问题，解决科技投入与应用、技术供给与需求相脱节的难题。努力实现京津冀地区基础科技资源的开放与共享，加快推进科技信息、科技文献、科技数据、专家库等基础性科技资源的联网共享。搭建京津冀科技创新资源共用网络平台，建设京津冀科技创新与技术合作数据库，推动大型科技公共仪器设备、重点工程技术研究中心、重大科技基础设施、重大科学工程和国家级重点实验室等开放共享。加快京津冀区域内高新技术相互认证，推动区域内高技术企业、高科技产品、高新技术成果、创新型中小企业、科技中介组织、外商研发机构等相互认可，且都能享受到本地同等的优惠政策。

三、构建分工合理的科技发展格局

建立合理的科技分工与协作体系是优化和整合区域创新资源配置的重要内容。根据三地的功能定位和科技优势，充分考虑三地的资源优势、产业发展方向、技术发展阶段，建立区域科技分工与合作配置框架体系。明确三地科技创新优先领域，实现合理分工与有序协作，深度强化北京科创研发中心地位，提升天津现代制造科技成果转化能力，不断培育河北承接产业技术转移应用能力，布局京津冀科技合作与分工。如北京应发挥科技创新中心地位，重点加强原始创新和技术研发能力，打造全国乃至全球创新总部基地、高端技术创新及成果市场交易中心；天津应提升应用型技术研发与转化能力，打造先进制造研发基地、科技产业集聚区及新兴产业推广示范区；河北应提高创新成果转化和应用能力，建立创新成果转移平台、新型工业化和产业转型升级样本区。推进京津冀科技分工合理布局要服从京津冀协同发展、创新发展的战略目标，要有利于形成京津冀科技与产业协同分工和经济科技一体化发展的空间布局，努力构建“一核、双城、三带、四区、多支点”的科技分工合作格局。

第二节　建立科技成果转化与共享机制，培育技术市场服务体系

推动创新成果转化与共享、促进科技产业化与协作，逐渐成为京津冀科技发展的新趋向。京津冀科技体制存在一个突出的问题，长期以来，大批高校和研发机构与企业相互独立，造成科技与经济相背离的格局。同时，北京科技成果的交易与转化大都发生在京津冀之外，对本地经济带动作用有限。因此，亟待完善区域创新成果转化的政策定位，培育科技市场服务体系。

一、推动创新成果转化与应用

充分发挥三地科技资源优势，尤其是京津冀创新资源、科技成果的富集优

势，加快构建成果转化的政策体制，建立依托产学研联合、加速科技成果产业化的运行机制，形成技术应用的现实生产力。加强京津冀产业园区之间的技术合作，完善科技创新与成果转化孵化的良好氛围和市场环境，为加速成果产业化提供空间载体和外围环境。培育成果推广体系建设，建立以政府引导、企业承载、高校和研发机构供给的成果转化体系，联合举办科技成果交易会、科技项目推介会、科技博览会等，形成网上技术市场、加速科技成果交易。推动京津冀三地联合建设一批重点项目，联合研发、联合生产、联合应用，北京、天津供应技术和资金，天津和河北供应土地，通过技术转移和技术转换，促进科技成果转化与应用。加强科技成果转化的政策定位，河北应发挥其传统产业优势及其技术转移的环境优势，积极与京津的产业和科技对接，主动承接京津的产业科技转移，加速先进科技成果在本地区落地与孵化，通过与京津科技合作，不断调整自身的技术结构和产业结构。

二、实现科技成果共享与开放

成果共享是区域科技协作赖以长期持续的基础，也是推动区域协同发展的前提条件。由于科技成果受三地行政分割和利益博弈及管理等因素的影响，目前三地科技成果共享并不尽人意。应加强三地沟通与交流，建立利益诉求表达渠道，构建成果共享机制，明确各方参与科技合作所带来的利益，消除多个创新主体及利益主体之间的矛盾和冲突，为区域科技成果共享与开放扫除障碍。建立利益分配机制，利益分配应主要通过市场来实现，综合考虑合作各方资源投入、贡献份额，根据谁投入谁受益原则，按贡献大小确定利益分配，利益分配机制应在各方制定合作规划、协议、方案中规定，做到各方权责清晰。围绕产业升级转移、生态治理、节能减排、水资源保护等重点领域，开展关键技术联合攻关和集成应用，共享共用研发成果，进一步推动京津冀科技成果开放共享，实现科技资源利用效率最大化。加强三地科技成果相互开放和共享的制度对接，京津冀要真正实现科技资源和研究项目成果的开放共享，必须推动三地科技政策、科技规划和科技制度等有效衔接，共同制定资源开放共享的实施细则和具体措施。

三、完善创新成果转化服务体系

京津冀协同发展必然要求建立三地跨行政区的协同创新体系和科技成果转化服务体系。为此，应积极推进三地技术市场一体化形成，加快创新成果转化与技术服务平台建立，完善信息共享、标准统一的科技市场体系。以科技服务中介为依托，组建京津冀技术交易联盟、科技服务平台等技术组织，加快科技成果转化，培育科技服务新兴业态。鼓励三地高校、企业和科研院所，开展多样化的产学研联合，联合建立各类研发机构和科技中介组织，通过科技联动行动完善科技研发与成果转化体系。提高高校创新园、技术产业孵化器、生产促进中心等科技服务机构的专业服务能力，促进研发成果向企业转移和转化。推动三地共建共享创新平台、共建网上技术信息和技术交易中心，进一步整合优化已有网络和平台资源，搭建统一的信息网络服务平台、信息披露标准、交易统计标准等，着力打造集技术、信息、资本开放共享的区域一体化产权交易服务平台。

第三节　完善技术经济关联机制，发挥科技创新空间溢出效应

京津冀三地存在紧密技术经济联系的同时，也表现出明显的科技水平梯度差异性。随着区域协同发展的推进，京津在技术经济不断集聚的同时有创新溢出的内在要求，而京津周边的河北也有接受京津创新溢出的强烈愿望。为此，要不断增强区域技术经济的关联性和依存性，提高科技发展的市场化，通过必要的政策制度引导，促进京津科技创新能力向周边辐射。

一、加强区域科技规划与技术市场建设

京津冀技术合作和创新协同是一项复杂系统工程，内部因素结构、作用关系极为复杂。为克服这种复杂性，提高京津冀科技创新效应，必须做好顶层设计，

在京津冀协同领导小组指导和协调下，做好区域科技发展的整体规划，制定出科技创新发展的总体目标、工作部署、重点领域和工作机制等，从战略规划层面上保障区域科技创新的有序展开。以京津冀三地间的科技水平梯度为基础，通过必要的政策手段和制度安排对三地科技发展进行规划，明确三地科技创新重点领域，统筹区域科技规划和创新资源配置，对区域技术创新给以配套支持，建立区域分工协作的创新发展格局。完善区域技术市场建设和管理，联合解决发展中共性需求的重大科技问题，鼓励更多科技成果进入技术市场进行交易，加强技术转移和产业转化，提高技术承接地的科技创新水平。

二、积极开展区域科技交流活动

京津冀区域在科技创新发展过程中，应通过双边或多边的联合科技行动，发挥各自技术优势，加强与国内外典型经济区开展多层次的技术交流活动，推动科技创新的发展和空间溢出。重组各类科技资源要素，打破行业垄断、部门分割，在知识溢出、人才流动、技术转移上避免区间恶性竞争，增强区域技术产业的关联性，促进区域科技主体的互动交流，逐步缩小三地间技术水平的差距。消除各种体制机制性障碍，促进区域科技转移，弥合科技发展差距、贯通科技链和产业链、优化科技空间布局，发挥京津科技创新对周边的辐射带动效应。加强京津冀与长三角、珠三角之间的技术、人才、资金的交流与合作，开展国家重大项目联合攻关，建立三大经济区之间的产业协作和战略联盟，促成跨省区的企业战略联盟。伴随着全球化的影响和推进，科技交流和合作在国际层面日益活跃，由于三地行政分割等原因，三地的国际科技交流多是单方面的行动。为此，应尽快建立京津冀国际交流合作的新机制，注重国际技术资源的整合，打造国际科技合作共享平台的建设，共享国际技术合作渠道和港澳台科技合作渠道，创新国际合作形式，通过国际技术转移大会、中外创新论坛、国际技术信息服务网络、国际技术合作基地等平台，开展京津冀国际技术交流活动，促进技术转化与科技转移。

三、提高科技创新的市场化水平

推进体制机制改革和制度创新，完善区域科技创新市场，是京津冀科技创新发展和创新溢出的关键。健全科技创新市场导向机制，逐步提高资源配置、研发创新、技术应用的市场化程度，让企业成为科技创新的核心载体，促进企业科技要素在区域内顺畅流动，提升企业的科技创新效率和技术溢出效应。充分发挥市场主导作用，着力推进京津冀技术的优势互补和产业对接，共同进行技术创新、开发新产品，共同挖掘潜在市场，推进有条件的企业利用技术优势、市场优势，进行联合研究开放，共同组成技术研发与技术转化的战略联盟。加快市场化改革步伐，注重人力资本积累和扩大对外开放，发挥 FDI 对本地企业的技术传导与技术扩散，加快企业技术成果吸收及科技产业化。注重研发成果与企业需求、市场导向紧密结合，推进基础性、通用性、公益性科技领域的合作，注重引导科技创新联盟组群和产业联盟的建设，大力推进“产学研用”协同创新，培育研发、孵化、转化、推广一体联动的创新发展模式。

第四节　建立科技创新协同机制，形成区域协同创新合力

区域协同发展是区域发展的高级阶段，区域协同发展的关键在于区域协同创新，区域协同创新的基础和核心是区域科技协同发展。目前，京津冀协同发展水平较低、创新协同效应不强，其深层次根源在于本地区市场化水平较低，科技协作能力弱化，导致经济科技发展结构锁定和科技创新固化。实践证明，必须营造区域科技创新的合力，共同培育创新主体，打造区域创新协同机制。

一、促进区域内各创新主体深度协作

促进区域内各创新主体在科研人员、研发经费的地区间匹配与合作，广泛开展科技人员交流互动，在各创新主体合理分配研发经费，推动创新资源重组，实现区域创新资源在不同创新主体配置效用最大化。推动区域企业、大学及科研机构加强科技合作，建立不同创新主体互动互利、联合开发的新机制，联合共建技

术研发基地、高端实验室、高技术产业园区等，促进区域内不同创新主体之间的知识流动和技术转移，提升科研集聚优势，增强科技协同能力。加强区域内各创新主体技术合作，重点选择电子信息、装备制造、生物医药、新材料、新能源等京津冀具有比较优势和较强辐射带动作用的战略产业，推进京津冀大学、科研机构和企业共建研发基地和产业园区，突破关键共性技术瓶颈。引导京津冀三地行业协会组建跨区域行业协会，协调解决三地企业、科研单位、高校解决重大共性问题，实现区域内各创新主体的深度协作，建立市场化的研发攻关协作关系。

二、建立以企业为主体的产学研相结合创新体系

大力推进京津冀大学、科研单位面向产业和企业的创新需求开展研发活动。构建以企业为导向的科技研发应用的新机制，推动科技资源要素向企业转移，发挥大型企业的创新主导地位，加强研发投入和集聚，引导和培育中小企业向科技型转化。共同打造一批技术产业创新联盟，促进企业、高校和科研院所开展不同层次的技术合作，构建以企业主导、多方参与的技术联盟体系，支持企业整合利用国内外创新资源，探索建立具有高水平、联系紧密的创新协作共同体。支持技术雄厚的企业建立京津冀共同支持的工程技术中心或研发基地，鼓励企业与京津冀高校、科研院所等共建工程技术研发中心作为产学研结合基地。引导京津冀企业间建立研发合作联盟、产业链合作联盟、市场合作联盟、技术标准联盟等多种形式的产业联盟，推进产学研和上下游企业间创新资源的整合，推动形成扩区域产业协同创新网络，增强企业自主创新能力。围绕产业集群开展京津冀区域科技合作，以各类经济开发区、高新技术产业园为主要载体，按照产业链关系和专业分工要求，引导企业集聚成群，培养集群内的纵横向产业链条，形成相互依存的协同关系。

三、协同推进关键技术联合攻关

引导三地共同建立科技合作机制，建立以合作项目为纽带的产学研合作组织，围绕三地经济、社会、环境、资源发展中的重大技术、共性技术和关键技术

需求，开展联合攻关。围绕京津冀技术和产业发展的重大需求，着眼拉长产业链和价值链，整合优势科技力量，对关键技术、科技重大专项进行联合攻关，掌握产业高端技术。重点突破新材料、节能环保、信息技术、生物医药、装备制造等重点领域的核心技术，突破一批制约产业发展的节点技术，力争培育一批世界一流、技术先进的战略产品和自主产品，抢占技术发展的先机。加大对重点公共科技领域的技术合作，提升京津冀各地政府的公共科技服务能力，提高三地在公共安全、公共交通、生态安全、城市建设等公共领域的科技合作水平，取得一批关键性具有自主知识产权的技术创新成果，如水资源和能源资源的综合高效利用技术、生态环境治理和保护关键技术、大气污染防治关键技术、公共安全保护关键技术、智能交通网络关键技术等。整合国家和区域科技资源，协调共建跨区域科技平台，协同开展技术攻关，提升京津冀持续创新能力。

第五节　构建多层次科技投融资机制，提升科技投入对经济的贡献

进入 21 世纪，京津冀地区创新投入逐年增加，综合创新水平显著提升，科技创新对经济增长的贡献作用越来越强。随着京津冀一体化加快，区域之间竞争愈来愈激烈，政府在科技创新中的作用逐渐增强，但企业在创新中的突出地位并不能被替代。为此，必须构建京津冀多功能的科技投融资机制，让创新资金由政府投入为主转向依靠市场融资为主。

一、加大三地政府科技投入

政府科技投入是科技创新发动和主导的重要力量。改进政策科技投入方式，发挥政府资金的作用，应当成为科技体制创新的重要一环。应逐步加大科技投入的规模，创新科技投入管理方式，本着种子性、引导性、辅助性的原则，完善科技三项经费和科技专项经费的使用，发挥政府资金在科技创新的“杠杆效应”和“溢出效应”，带动其他创新主体参与创新活动的积极性和主动性。优化和整

合政府资金在原始资金、科研资金、孵化器资金、新产品研制资金及高技术企业扶持资金的比例和分配，注重科技资金的投入效益。拓宽创新资金来源渠道，突破投资渠道单一化的传统瓶颈，引导民间资本向创新创业领域转移。建立“政府引导、企业主导、金融支持、社会参与”多层次的创新投融资体系，实现投入主体多元化，提高科技经费投入的总体水平，为京津冀科技创新的开展提供资金保障。

二、优化科技合作投入结构

按照市场机制运作方式，将京津冀有限科技资金集中管理，突破地区、部门和行业的限制，组建跨地区、跨部门的政府资金管理机制，可按公开招投标的方式分配资金。加强科技资金整合，建立科技资金投资平台，优先加大对三地重大科技合作专项、科技合作项目、科研合作基地的投入建设力度。重点加强对连接三地的重大交通基础设施、生态环境污染防治、高科技研发与成果产业化等领域技术合作的投入支持，加强新兴产业技术联合攻关，支撑和引领重点产业转型发展。优化京津冀科技资金的区域配置，加大对科技创新相对薄弱的河北投入力度，加快落后产业技术改造，引导科技资金重点向先进制造业、高技术产业、新能源等行业转移，逐步缩小与京津两市的技术差距。积极培育科技型中小企业、创新型企业的技术优势，着力解决这些企业科技资金短缺的困境，激发区域企业和产业的创新活力。

三、完善科技创新金融服务体系

科技投融资体制是科技创新的血脉保障，创新科技投融资体制的方向是推动科技投融资由以政府资金为主向依靠市场融资为主转变。加强区域科技与金融的结合，搭建支持科技发展的融资平台，推动科技资源与金融资源融合衔接，建立科技金融创新试点城市和试点项目，拓宽科技资金来源渠道，建立多元化、多渠道的融资服务体系。以市场化为导向建立创新成果转化运行机制，支持金融服务科技产业、促进经济转型和提升经济效益的新模式建立。完善京津冀企业信用担保体系，促进商业银行对有条件的高科技企业直接投资或授信投资，充分利用信托投资、租赁投资、担保投资的作用扩大科技型企业的融资方式，通过设立信用担保资金鼓励各类担保机构支持科技型企业发展，对担保机构因担保发生的损失给予一定的补偿，最终解决中小科技企业贷款融资难的问题。扶持京津冀风险投资公司，扩大风险投资的规模，加大对高新技术产业的支持力度。推进资本市场建设，完善科技企业直接融资机制，充分发挥京津科技研发优势、津冀产业化优势和京津冀三地科技产业互补优势，提升科技产业的融资水平。

第六节　创新人才培养与交流机制，促进人力资本积累

人力资本表现出显著的正外部性，可以通过直接效应和间接效应作用于经济的增长，是科技进步和经济增长最重要的因素。人力资本积累主要通过改善人口结构和质量实现，而教育和培养是人力资本形成或积累的关键途径。京津冀地区人才资源密集、人力资源素质较高，但人才优势并未完全转化成为科技和产业优势，且区域科技人才总量、结构与空间分布不平衡问题突出。

一、加大科技人才教育和培养力度

人才是区域发展中最具竞争力、创造力的成分。加强创新型研发人才、创新型企业家和管理人才、各领域高级专家等高层次人才的教育和培养，以政策创新为引导，依靠制度创新，完善创新人才培养、评价、选拔任用、合理流动、引才引智和分配激励等工作机制，增强创新型人才的活力和效能。充分利用各省市尤其是北京的教育培养功能，建立区域人力资源开发孵化基地，强化技术人才和技术管理人才的联合培养，建设一批急需技术人才合作培训中心。发挥京津高校的学科优势，加快培养知识产权、技术标准、科技项目管理等方面的紧缺人才和清洁能源、信息技术、生物医药、高端制造、生态治理等领域的专业人才，为区域科技发展打好人才基础。积极培养和引进京津冀重点产业和关键科技领域的领军人才，加大海外留学人才的引进力度，打造软硬件条件及环境一流的留学人员创

业平台，鼓励高层次人才学术交流、合作研究、技术研发等，促进海外智力向京津冀集聚。

二、建立人才交流与合作机制

积极推动区域技术人才交流与合作，促进三地技术人才制度对接，完善技术人才资源信息服务体系，推动区域内人才自由流动，发挥科技人才对该地区科技创新和协同发展的核心作用。三地可从共建科技人才资源库和科技专家资源共享服务平台着手，建立京津冀科技人才交流合作机制，打破地区人才体制性障碍，推进高端创新人才的共享交流与优化配置，发挥科技人才对区域经济发展的支撑和引领作用。完善京津冀三地人才合作开发机制，加强三地高校、科研院所科技教育资源的合作，加强文化和人才交流协作，创新多层次人才合作模式，扩大省市间、地市间、县区间的人才引进项目合作，形成新型人才合作共享机制。完善高层次人才和智力共享机制，围绕产业技术创新、新兴产业发展、重大科技创新工程和重大项目，大力推动与海外掌握核心技术的高层次人才之间的合作，共享人才和智力资源，增强区域创新创业活力。

三、构筑京津冀人才市场网络

按照资源共享、信息互通、人才联合开发的原则，共同打造一个多层次、开放协作的技术人才培养网络，提高区域人才开放与合作的竞争优势。共建科技人才资源共享服务平台，对京津冀科技合作领域和相关领域各级人才进行全面系统梳理和分类，利用互联网技术，健全地区各级人才信息公布和交流机制，促进京津冀科技人才信息共用共享。共建京津冀科技人才资源库，通过对科技人才的教育、培养和交流，培养科技战略研究团队，推动京津冀人力资本的形成和积累。充分利用京津两市的科技资源、教育培训资源，促进科技人才的成长与交流，尽快建设一批适应未来科技需要关键人才和紧缺人才的培训基地，并逐步形成跨行政区、可持续的、覆盖各领域的区域人才网络。

第七节 创新科技管理体制，构建普惠性创新支持服务体系

科技管理体制主要是政府部门通过对科技规划、组织、计划、分配、评估等方式调度科技创新力量。科技创新发端于市场需求，但由于区域创新是一个复杂的、需要多方参与的创新活动，仅仅依靠市场很难使创新活动达到最优状态。为此，京津冀应深化科技管理体制改革，加强科技宏观统筹和优化创新政策供给，完善科技成果转化和收益分配机制，构建普惠性创新支持服务体系。

一、加强京津冀科技创新规划引导

淡化行政省市概念，以京津冀协同发展重大战略为契机，将京津冀科技创新发展纳入京津冀创新体系建设和协同一体化发展的整体框架，明确各地科技发展方向，研究部署京津冀科技创新的发展战略和布局规划，逐渐形成产业层次错落、布局合理、协作紧密的科技发展局面。创新科技管理体制、科技资源配置体制、科技组织结构体制、科技市场管理体制等，推动科技管理体制向市场经济转轨的同时，加强政府制度创新和政策引导。建议成立京津冀科技创新规划机构，挂靠京津冀协同发展领导小组，作为全区最高的科技规划和资源调配的机构，统一规划区域科技发展方向和重点项目，全方位进行双向或多向对接，推动执行重大科技规划和创新政策，协调解决不同地区、不同机构、不同群体的重大科技事项。加强科技主管部门与综合部门、行业部门间的协调，强化科技行政管理机构宏观统筹和管理科技活动的职能，根据各自基础和条件，实施分层推进战略，分类推进科技合作。

二、建立京津冀统一的创新基金

由于条块分割、部门封锁的问题，京津冀科技创新资金被分割与不同地区、

不同部门，每个部门只为属于本部门的企业、机构、事业提供科技资金，严重影响京津冀科技创新资金的投向和效益最大化。为此，急需将分散在不同地区、不同部门的各种基金、资金统一为京津冀总的创新基金，整合科技三项费用、国家专项资金、财政补贴资金、信息化推进资金、科技农业生态农业基金、创新创业基金等，通过市场化合理配置科技创新资金，最大限度发挥创新资金的利用效率。创新资金管理机制，统一京津冀创新基金的规则、资金投向、资金补偿、资金管理等事项，以便集中全区的创新资源，全面解决政出多门、多头管理、资金分布不均、资源浪费与资源需求旺的矛盾和弊端。

三、破除束缚创新和成果转化的制度障碍

重点做好京津冀科技资源共享的顶层设计，打破资源分散、封闭和垄断的状况，设计经济发展与科技资源配置相匹配的政策体系，努力营造适合创新创业的政策环境与创新氛围。推动企业和研发部门按照市场需求开展科学研究、技术研发与成果转化的创新活动，在关键技术攻关和重点科技领域全面实行市场招投标制，完善科技创新的绩效体系与评估制度。逐步完善京津冀一体化的科技产业政策、科技投入政策、科技人才政策、科技税收政策、科技金融政策等，推动科技政策法制化，营造一个体系化、规范化的科技政策环境，切实为推进京津冀科技创新和激发科技创新效应提供政策框架和制度保障。

第八节　建立北京全国科创中心统筹机制，培育世界级创新型城市群

北京作为全国科技创新中心、京津冀协同发展改革引领者、全国创新驱动经济增长核心引擎，在实施创新驱动战略、提升区域整体创新水平、推动京津冀协同发展中肩负着示范引领和核心支撑作用。未来应发挥北京创新先发优势的高端引领和辐射带动作用，建立全国科技创新中心统筹机制，打造全球原始创新策源地，构建区域协同创新共同体，培育和壮大世界级创新型城市群。

一、加强原始创新和关键技术攻关，构建北京“高精尖”经济结构

充分发挥北京科研基础雄厚、高端人才富集的优势，加强原始创新、基础前沿研究，统筹布局各部门创新资源，集中优势创新力量，在信息科技、生物医学和脑科学、量子技术和纳米科学、生态保护和环境控制等重大基础研究和前沿领域率先突破，引领国家技术产业发展方向。鼓励高校、科研院所与科技企业共建研究团队，注重新兴交叉学科建设，高标准培育一批能够承担重大科技工程、取得尖端成果的创新顶尖人才。统筹北京三大科技城（中关村、怀柔、未来）建设和发展，优化中央科技资源在京布局，推动北京与中央研发机构融合创新发展，强化核心领域和关键技术的研发能力，培育一批具有国际影响力的科技成果和创新集聚区。夯实重点产业科技创新能力，突破一批具有战略性、引领性、前瞻性及与经济密切相关的关键瓶颈技术和核心共性技术，加快科技成果产业化，打造一批具有较强辐射力的创新型领军企业和产业集群。在信息技术、新能源、生物医药、数字化制造、轨道交通、节能环保等重点产业领域，加强核心技术标准研制，重点实施技术创新跨越工程，培育和壮大支柱产业和先导产业，促进产业向高精尖发展。

二、优化首都科技发展布局，发挥北京全国科创中心的辐射引领作用

依托中关村国家自主创新示范区，以科技创新为核心引导全面创新，全力推进北京高端产业功能区、高技术产业园区建设，增强产业技术创新能力，构建“一区多园”创新发展布局。推动北京各创新区差异化、精细化发展，首都自主创新中心（城六区）着重加强基础研究、高端前沿技术和新兴服务业创新发展；首都高端产业集聚区（城六区外）着重加强技术产业化，推进高端制造业、战略性新兴产业和生产性服务业创新发展；首都绿色创新拓展区（西部北部山区）着重发展低碳环保、绿色能源、休闲旅游创新发展。整合京津冀区域科技资源，实现创新要素互联互通，统一技术市场标准，推动区域各创新主体、各部门、各领域联动融合发展，培育具有产学研协作互动的创新产业联盟，打造京津冀创新

发展战略高地。按照京津冀协同发展战略部署，积极对接“一带一路”、长江经济带等发展战略，发挥北京全国科技创新中心的辐射引领作用。

三、构筑北京创新开放高地，培育世界级创新型城市群

搭建区域创新协作网络，推进北京与长三角各省市在基础科学和高新技术等领域合作；推进北京与珠三角在产业关键技术、创新创业等领域合作；推进北京与中西部、东北地区在技术转移、成果转化、产业转型升级等方面的合作；加强北京与港澳台进行全方位的科技交流与合作。坚持引智引技和引资并重，积极引进和集聚全球高端创新要素，加强北京与跨国公司研发中心、国际高端创新机构、国际科技产业组织等合作，鼓励国际知名研发机构在北京设立国际科技中心或科技组织总部基地。引导和鼓励国外股权投资、创业机构向北京集聚和发展，合作共建创新创业联盟或成立创新创业基金。建立国际技术转移平台，完善技术市场化、国际化的服务体系，引导高端技术成果向北京落地，形成面向全球的技术转移集聚区。加强全球科技全面合作，构筑北京开放创新高地，以创新提升区域层级，培育以北京为核心的世界级创新型城市群，使北京成为全球科技创新的引领者和创新网络的重要节点。

第九章 总结与展望

第一节 研究总结

京津冀地区作为我国参与全球竞争、率先实现现代化、全面实施协同发展的巨型经济区，是我国创新资源最密集、创新能力最强、经济最具活力的区域之一，是三大都市区发展中极具战略地位的一极。在京津冀协同发展、创新驱动经济增长的大背景下，政府部门、学术界对京津冀科技创新能力及创新效应给予极大的关注，本书正是契合这一主题，对京津冀科技创新的效应进行理论分析与实证研究。

在理论上，借鉴科技创新的经典理论和国内外研究的最新成果，深入剖析科技创新效应的影响因素与形成机制，探讨科技创新效应的内涵特征和维度划分，详细阐述科技创新效应的实现机理与内在关系，从微观、中观、宏观的三个层面构建了京津冀科技创新效应的理论分析框架，并分别建立京津冀科技创新的空间外溢效应、协同效应、经济增长效应的理论模型。在实证上，基于上述理论分析框架，以京津冀科技创新效应为切入点，借助于经典统计方法与计量经济学模型，对京津冀科技创新的发展态势、创新效率、空间结构及三大效应等进行统计分析与实证检验。如从科技投入、科技产出两个方面，运用描述统计与比较分析方法，阐述京津冀科技创新的发展态势；运用数据包络法，实证检验京津冀及全国各地区的创新效率；运用主成分分析法，探讨京津冀科技创新能力并与其他经济区做对比研究。同时，采用空间统计法及空间面板数据分析法，探讨京津冀各创新主体创新绩效的空间相关性，并对其科技创新绩效的空间溢出效应进行实证分析；借助复合系统协同度模型，构建科技创新协同效应的指标框架，实证检验京津冀科技创新系统的整体协同效应及各子系统的有序度；运用时间序列数据，采用动态计量经济学方法，对京津冀科技创新的经济增长效应进行统计分析与实证检验。

总结全书，主要得出以下结论：

（1）科技创新效应是由于科技创新对科技创新自身或接受者产生的影响，加快科技创新不一定产生创新效应，但创新效应的产生必须通过科技创新实现。科技创新效应是一个相对宽泛的范畴，国内外文献对于科技创新效应并没有严格的概念和内涵。基于此，本书提出科技创新效应是由科技创新直接或间接产生的各种创新效应的综合集成，并从微观、中观、宏观三个层面探讨，把科技创新效应划分为空间溢出效应、创新协同效应、经济增长效应，三大效应之间彼此联系、互为作用。这有利于丰富科技创新的概念内涵，同时也为理论分析找到了切入点和突破口。

（2）知识经济理论、技术转移理论、协同学理论、三螺旋理论是区域科技创新效应研究的理论基础。在此理论基础上，探讨了区域科技创新效应的作用机理与逻辑关系：溢出效应——要素集聚、资源整合与技术溢出；协同效应——创新协作、潜能释放与创新协同；经济效应——创新驱动、技术进步与集约增长，沿着四个理论及三大创新效应的实现机理，构建了包括微观路径、中观路径、宏观路径在内科技创新效应的理论分析框架，并通过方法比较和筛选，分别构建了科技创新效应的检验估计模型。这不仅拓宽了区域创新效应研究的理论视野，也具有较强的应用价值。

（3）近年来，京津冀科技资源投入大幅度增加，科技成果产出以较快速度增长，科技创新能力显著提升，科技创新呈现良好的发展态势，但京津冀三地创新投入、创新产出及科技发展水平差距较大，科技资源、创新要素及科技的数量与质量在空间分布很不均衡，其科技创新的整体水平与长三角地区、珠三角地区仍有一定的差距。从侧面反映出京津冀统一创新市场建设滞后，创新资源配置行政色彩浓厚，市场壁垒依然存在，科技创新协同机制尚未形成。

（4）将区域科技创新综合能力划分为科技势能、科技转换能力和科技潜能三个维度，北京科技势能居绝对优势地位，天津科技势能处于相对优势，河北科技势能总体薄弱；北京、天津科技转换能力较强，河北科技转换能力相对较弱；

天津的科技发展最具潜力，河北科技潜力略逊于天津，北京科技潜能较低。从三大经济区比较看，无论从综合创新能力看，还是从科技势能、科技转换能力看，北京创新能力都是最强，上海、天津创新能力强，江苏、浙江、广东创新能力较强，河北创新能力弱。从科技潜能看，天津创新潜力最大，江苏、浙江、广东、上海创新潜力较大，河北、北京创新能力较弱。从短期看，京津冀创新能力格局不会有太大改变，其深层次根源在于三地经济水平及科技政策差距较大，未来急需加强制度创新，建立京津冀普惠性的创新政策。

（5）从全国范围看，北京、天津达到 DEA 有效状态，创新资源配置最佳，河北为 DEA 无效状态，创新投入产出结构不合理；京津冀科技创新的综合效率高于全国平均水平，在三大经济区中位居第二，高于珠三角地区的科技创新效率，但低于长三角地区。从京津冀内部看，北京、天津科技创新效率较高且呈逐年递增趋势，河北科技创新效率较低且历年波动较大，间接反映出处于创新中枢的京津并未向周边创新薄弱的河北产生明显的技术扩散和辐射带动作用。加快河北科技创新与成果转化、推动科技支撑产业调整和转型升级及缩小三地间科技创新效率差距是打造京津冀作为全国科技创新中心的重要环节和根本路径。

（6）京津冀各地区创新要素集聚程度差异较大，北京集聚程度最高，天津、河北相对较低。就各创新主体看，该地区科研机构创新要素集聚度最高，企业、高校集聚程度较低，而企业创新要素集聚度增长率最高，科研机构、高校增长率较低。创新绩效是反映各创新主体科技配置效率较理想的指标。从空间自相关系数看，京津冀企业创新绩效呈现显著的空间自相关性，高校呈现弱的空间自相关性，而科研机构部分年份没有通过显著性检验。总体上，京津冀科技创新在地域上表现出集聚的特征，但创新高地与创新低谷可能会长期并存。

（7）在创新要素不断集聚的同时，创新集聚地同样也会产生空间溢出效应，将知识、信息、技术、人才等向周边邻近地区转移和扩散，进而促进周边地区科技经济发展。创新要素集聚对企业创新绩效具有正向空间溢出效应，对科研机构具有负向空间溢出效应，对高校不存在空间溢出效应。除创新要素对创新绩效影响外，如政府支持、人力资本、市场化、外资水平等都会对创新绩效产生影响。政府支持对企业和高校创新绩效的作用为负，对科研机构的作用不确定；市场化水平对企业创新绩效呈现正向效应，对高校和科研机构不显著；人力资本对企业、高校、科研机构创新绩效有正向空间溢出效应；外资水平对企业科技创新表现出显著的空间扩散效应。政府行为与市场化因素在科技创新溢出过程中应引起重视。

（8）基于创新协同理念，借鉴和整合国内外典型的区域协同创新测评体系，从资源保障与创新支撑、知识创造与获取能力、知识配置与创新协同、技术应用与创新绩效、创新环境与技术进步 5 个层面构建区域创新协同效应的理论测评框架。依据这一框架，通过对相关指标的甄别和筛选，逐步细化分解得到 34 个二级指标，从而可以更加全面反映出区域创新协同发展的各个层面。同时，利用熵值法，依次测算出一级变量、二级变量的权系数，力求为准确评价京津冀创新协同效应提供科学依据和理论支撑。

（9）借助系统论和协同学的相关理论，构建京津冀复合创新系统及北京、天津、河北三个子创新系统。北京子创新系统有序度最高，创新协同效应最强；天津子创新系统有序度居中，创新协同效应较强；河北子创新系统有序度最低，创新协同效应较弱。京津冀各子系统的有序化稳步提升，但各子系统之间有序化水平差异较大，有序化演进不协调、不同步，尚未形成有利于区域协同创新的合力和网络。京津冀区域创新系统整体上处于协同状态且有上升的趋势，但协同化水平较低，协同效应较弱，且期间内处于剧烈反复波动的态势，表明区域创新系统内部协同关系极不稳定，整体协同效应尚未充分发挥，协同进程遇到较多的障碍和矛盾。

（10）国际经验表明，科技创新能最大限度释放发展潜能、催生相关新兴产业、推动人力资源智能化，促使科技和经济融合发展，促进产业升级与经济转型，进而推动区域经济快速增长与质量提升。京津冀科技创新与经济增长相关性显著，存在明显的交互关系，且科技投入、技术存量增长率都高于经济总量的增长率。从演变趋势看，研发经费投入、研发人力投入、技术存量与经济增长的演变趋势基本保持一致，但三地之间科技创新各变量与经济增长的演变趋势不尽一致，内部差异较大。京津冀各地区经济发展水平差距较大，从某种程度导致了科技投入、科技产出的差异，而科技创新的差异又进一步影响了各地区经济发展的不平衡性。

（11）京津冀地区研发经费、研发人力、技术存量与经济增长存在正向长期均衡关系，且研发经费投入对经济增长长期影响较大。在短期内，科研经费与京津冀地区经济增长互动关系较为显著，研发经费投入对京津冀经济发展具有较强的正向带动作用；科技人力投入对京津冀经济增长短期影响较大，但长期影响趋于平稳；技术存量对该地区经济增长呈现较弱的正向带动作用。科研经费投入对京津冀经济增长的贡献度最大且处于稳步上升态势，最大贡献率达到4.65%；科技人力的贡献度相对较弱，且贡献度稳定在3.23%的水平上，之后作用逐渐消失；科技存量的贡献度最弱，且十分不稳定。研发经费、研发人力与京津冀经济增长互为因果关系；而技术存量和经济发展具有单向因果关系，仅技术存量对京津冀经济增长具有推动作用。

（12）实施创新驱动是推动京津冀协同发展、提升科技创新效应的战略选择与根本出路。毋庸置疑，政府在推进科技创新、完善创新驱动机制上具有核心作用，但科技创新效应的释放不仅强调政府的作用，更应该注重市场的力量。为此，应充分发挥市场化的创新力量，破除束缚科技创新和成果转化的制度障碍，促进科技与经济深度融合；建设开放共享、良性互动的创新生态，推动科技创新的溢出效应、协同效应、经济效应的产生和实现。

第二节　不足之处

本书对京津冀科技创新效应的研究在相关理论与方法论方面进行了系统深入的分析，并得出一些比较有价值的结论。但科技创新效应内涵丰富、涉及面广，决定区域科技创新效应的研究必将是一项长期的、相当复杂、系统的工程。由于本人能力的有限以及部分数据资料可得性受限，使得文章有许多不完善的地方。

（1）科技创新与创新效应在地域空间上往往呈现出地理集中性，其创新特征与创新效应也正是在一定的空间层次内产生和演化的，本书的研究在某种程度上验证了这一特征和规律。本书研究的空间层次多定位于北京、天津、河北省级区域，以地级市及县级地区为空间层次的探讨相对较少，同时，没有深入到具体行业层次内部分析，主要由于我国统计数据体系不尽完善，这些地区、部门科技统计工作滞后，多数数据资料不全面和不可得。

（2）区域创新系统是一个复杂的网络系统，构建科学合理、全面有效的指标体系对区域协同创新能力的测度和评价至关重要。本书关于区域创新协同效应指标体系的设置略显简单，指标层次和指标种类相对较少，其二级指标中某些具体的指标本身并没有直接体现区域科技协作的内涵，主要是由于体现区域科技协作的数据获得难度大，且很多数据无法量化，可能会影响研究的全面性和准确性。

（3）衡量科技创新水平的指标很多，至今并未达成统一的标准，不同的指标侧重点不一，在量化研究过程中导致评价结果也会千差万别。本书根据自身研究需要，用创新绩效反映各创新主体的科技创新水平进行空间溢出效应分析，虽然在一定程度上也能反映出各创新主体的创新水平，但在指标选取时可能仍会存在偏差。未来，应该继续深化和完善研究，使指标选取与评价结果更细致、贴切，尽可能得出更有价值的研究结论。

第三节　研究展望

创新效应的大小是衡量科技创新水平与效用的最佳依据。综观国内外相关文献，以往的文献关于科技创新的研究较多，但关于科技创新效应的研究相对较少，研究也多从科技创新某一效应展开，缺乏对区域科技创新综合效应的探讨，方法选取也较为主观，缺乏针对性。深入把握京津冀科技创新效应的特征与规律，需要开展持续不断的研究，就本书而言，仍有大量的问题有待进一步的研究。

一、研究空间层次更加细分

本书所进行的京津冀科技创新的空间溢出效应、协同效应、经济效应都立足于省级层面，研究结论可能仅停留在宏观层面，缺乏对各地级市及以下地区提供具体有效的指导。未来研究范围可以拓展到京津冀各市域、县域等空间层次，在更细的空间范围探讨京津冀科技创新效应的形成机制及差异关系，为各级政府科技创新提供政策依据，无疑值得笔者进一步的研究。此外，如果能深入到京津冀企业与行业领域，在更小的尺度探讨企业或行业的科技创新效应的影响因素及发展特征，有助于寻找京津冀科技创新效应不强的真正根源，也能为提升该地区创新效应提供微观理论支持与实证依据。

二、完善优化指标评价体系

指标体系设置是否全面、是否科学直接决定于对问题研究的准确性及科学性。本书在探讨京津冀科技创新能力、创新效率、协同效应时均设计了指标体系，其指标多从权威期刊、公开刊物或实地调研获取，而某些重要指标数据缺失、无法获得，对研究难免造成一定的难度。未来随着统计数据的完善，应增加县区层面的数据、不同创新主体协作数据、企业行业层面的微观数据，使研究更加深化。同时，也要增加软指标的收集与评价，弥补硬性指标的局限性，完善和充实指标评价体系，以更加全面反映科技创新效应的真实状况。

三、增加纵横对比研究

虽然在京津冀科技发展态势、科技创新能力、科技创新效率与其他经济区作了比较研究，但科技创新效应的实证部分仍缺少相应的对比研究，造成研究的结果地域特征明显。未来应在科技创新的空间溢出效应、协同效应、经济效应与国内典型经济区做深入全面的比较分析，以便全面把握京津冀科技创新效应自身状况及空间层次。此外，京津冀科技创新的空间溢出效应仅立足于京津冀内部分析，未来应该把京津冀作为一个整体，探讨其在全国范围的溢出效应，以便把握其在全国范围的地位与状态。

总之，对区域科技创新效应的评价与测度是未来科技创新研究的热点，需要不断对其进行理论研究和实践探索。未来，应立足各地区比较优势和功能定位，深化科技体制改革，构建区域科技协同发展机制，重组区域创新资源与消除科技发展差距，更加注重创新驱动与新经济发展，挖掘增长新动能，最大限度地发挥科技创新的溢出效应、协同效应与增长效应，促进科技与经济深度融合，以创新引领区域经济社会全面发展。

参考文献

[1] 安树伟．“十二五”时期的中国区域经济［M］．经济科学出版社，2011（5）：17－23.

[2] 曹利民．政府组织促进区域创新体系构建的体制机制研究［D］．复旦大学博士学位论文，2008.

[3] 陈昌曙．论科学与技术差异［J］．科学学与科学技术管理，1982（1）：9－11.

[4] 陈丹宇．长三角区域创新系统中的协同效应研究［D］．浙江大学博士学位论文，2009.

[5] 陈光．企业协同创新管理的高标准定位与审计［J］．管理学报，2005（3）：327－331.

[6] 陈劲，阳银娟．协同创新的理论基础与内涵［J］．科学学研究，2012（2）：161－164.

[7] 陈凯华，寇明婷，官建成．中国区域创新系统的功能状态检验——基于省域2007～2011年的面板数据［J］．中国软科学，2013（4）：80－95.

[8] 陈伟，冯志军，康鑫，田世海．区域创新系统的协调发展测度与评价研究——基于二象对偶理论的视角［J］．科学学研究，2011（2）：306－312.

[9] 陈伟，冯志军．中国区域创新系统创新效率的评价研究——基于链式关联网络DEA模型的新视角［J］．情报杂志，2010（12）：24－28.

[10] 陈秀山，张可云．区域经济理论［M］．北京：商务印书馆，2010.

[11] 陈艳春，韩伯棠．绿色技术溢出与中国区域经济增长值［M］．北京：科学出版社，2013.

[12] 陈玉川，赵喜仓，陈伟民．江苏技术创新制度的结构分析［J］．科技管理研究，2009（6）：214－217.

[13] 陈钊，陆铭，金煜．中国人力资本和教育发展的区域差异：对于面板数据的估算［J］．世界经济，2004（12）：25－31.

[14] 初大智，杨硕，崔世娟．技术合作对创新绩效的影响研究——以广东省制造业为例［J］．中国软科学，2011（8）：155－163.

[15] 崔巍平，何伦志．中国西部地区要素支撑能力与经济增长耦合关系的实证分析［J］．开发研究，2014（6）：5－9.

[16] 戴魁早，刘金友．市场化进程对创新效率的影响及行业差异——基于中国高新技术产业的实证检验［J］．财经研究，2013（5）：4－14.

[17] 戴志敏，郭露．科技创新方法嬗变与归一：TRIZ 行为学视角［J］．科技管理研究，2010（14）：1－5.

[18] 邓富民，张金光，梁学栋．基于协调度—管理熵的区域协同创新能力测度［J］．科技进步与对策，2014（50）：113－117.

[19] 蒂姆·欣德尔．战略智典［M］．北京：中信出版社，2005（11）：65－72.

[20] 丁刚，胡联升，严维青．我国省域人口安全水平的现状评价与空间相关性分析——基于 GCPA 模型和 Moran's I 统计量［J］．电子科技大学学报（社会科学版），2011（2）：23－26.

[21] 丁恒龙．我国科技创新制度的缺失与完善［J］．甘肃社会科学，2007（6）：76－78.

[22] 丁焕峰．技术扩散与产业结构优化的理论关系分析［J］．工业技术经济，2006（5）：107－111.

[23] 杜辉，刘慧卿．城市科技体制机制创新［M］．北京：科学出版社，2012（3）：62－69.

[24] 樊纲，王小鲁，马光荣．中国市场化进程对经济增长的贡献［J］．经济研究，2011（9）：4－14.

[25] 樊纲，王小鲁．中国市场化指数——中国各地区市场化相对进程报告［M］．北京：经济科学出版社，2012（8）：24－37.

[26] 范斐，杜德斌等．中国地级以上城市科技自助游配置效率的时空格局［J］．地理学报，2013（10）：1331－1343.

[27] 方丰，唐龙．科技创新的内涵、新动态及对经济发展方式转变的支撑

机制［J］．生态经济，2014（6）：102－105.

［28］冯锋，汪良兵．协同创新视角下的区域科技政策绩效提升研究——基于泛长三角区域的实证分析［J］．科学学与科学技术管理，2011（12）：109－114.

［29］符淼．地理距离和技术外溢效应——对技术和经济集聚现象的空间计量学解释［J］．经济学（季刊），2009（4）：1549－1558.

［30］高建新．区域协同创新的形成机理及影响因素研究［J］．科研管理研究，2013（10）：74－78.

［31］谷建全．科技创新是区域经济发展的根本动力［J］．区域经济评论，2014（3）：103－105.

［32］顾海．经济增长中技术创新动力因素分析［J］．学海，2000（4）：67－70.

［33］顾新．区域创新系统的内涵与特征［J］．同济大学学报（社会科学版），2001（12）：32－37.

［34］哈肯．协同学导论［M］．西安：西北大学出版社，1981（1）：17－35.

［35］何勤，刘雅熙．京津冀协同发展背景下的科技创新人才流动研究［J］．北京联合大学学报，2015（2）：83－87.

［36］何恬，刘娟．京津冀区域协同创新体系建设研究［J］．合作经济与科技，2013（10）：4－5.

［37］和瑞亚，张玉喜．区域科技创新系统与公共金融系统耦合协调评价研究——基于中国28个省级区域的实证分析［J］．科技进步与对策，2014（7）：31－35.

［38］贺灵．区域协同创新能力测评及增进机制研究［D］．中南大学博士学位论文，2013.

［39］赫尔曼·哈肯．协同学［M］．上海：上海世纪出版社，2005.

［40］胡舒立．新常态改变中国［M］．北京：民主与建设出版社，2014.

［41］胡晓瑾，解学梅．基于协同理念的区域技术创新能力评价指标体系研究［J］．科技进步与对策，2010（2）：101－105.

［42］黄鲁成．关于区域创新系统研究内容的探讨［J］．科研管理，2000

(2)：43 – 48.

［43］纪玉山，吴勇民，白英姿．中国经济增长的科技创新乘数效应：微观机理与宏观测算［J］．经济学家，2008（1）：10 – 17.

［44］纪玉山，吴勇民．科技创新促进经济增长的微观机理与政策选择［J］．经济社会体制比较，2007（5）：40 – 45.

［45］解学梅．协同创新效应运行机理研究：一个都市圈视角［J］．科学学研究，2013（12）：1907 – 1919.

［46］解学梅．中小企业协同创新模式对协同创新效应的影响——协同机制和协同环境的双调节效应模型［J］．科学学与科学技术管理，2014（5）：72 – 80.

［47］金林．科技中小企业与科技中介协同创新研究［D］．大连理工大学硕士学位论文，2007.

［48］康胜．论科技创新与经济进步的互动关系［J］．科技进步与对策，2003（9）：89 – 91.

［49］寇小萱．建立和完善区域技术创新合作机制研究——以天津滨海新区为例［J］．中国流通经济，2010（10）：44 – 47.

［50］雷怀英，靳辰璐．基于 GIS 的区域科技创新空间集聚效应评价［J］．山西大学学报（哲学社会科学版），2014（3）：134 – 138.

［51］雷彦斌．中国行业科研院所的效率评价及科技资源配置研究［J］．北京交通大学学报，2012（4）：24 – 30.

［52］李宝山，钱明辉．论知识增值机制［J］．山西财经大学学报，2003（12）：20 – 23.

［53］李成刚．FDI 对我国技术创新的溢出效应研究［M］．杭州：浙江大学出版社，2011.

［54］李国平．京津冀地区科技创新一体化发展政策研究［J］．经济与管理，2014（6）：13 – 16.

［55］李恒，范斐，王馨竹．区域科技资源配置能力的时空分异研究［J］．世界地理研究，2013（4）：159 – 161.

［56］李金海，崔杰，刘雷．基于协同创新的概念性结构模型研究［J］．河边工业大学学报，2013（1）：112 – 118.

[57] 李伟红，陈燕. 基于 DEA 模型的区域创新系统中政府作用的评价研究 [J]. 价值工程，2007 (8)：33 – 35.

[58] 李习保. 中国区域创新能力变迁的实证分析 [J]：基于创新系统的观点 [J]. 管理世界，2007 (12)：18 – 22.

[59] 李响，严广乐. 多层次治理框架下的区域科技创新系统治理——理论、实践比较及对中国的启示 [J]. 研究与发展管理，2013 (1)：104 – 112.

[60] 李正辉，徐维. 区域科技创新与经济增长：基于省级面板数据模型的实证分析 [J]. 科技与经济，2011 (2)：20 – 24.

[61] 李子彪. 区域创新系统多创新极共生演化模型与实证 [M]. 北京：知识产权出版社，2014.

[62] 厉以宁. 中国经济双重转型之路 [M]. 北京：中国人民大学出版社，2014.

[63] 连建新. 跨区域产业技术联盟与企业创新绩效关系研究——以京津冀区域合作为例 [J]. 河北工业大学博士学位论文，2013 (4)：13 – 25.

[64] 林思达. 基于区域创新体系的长三角科技合作思路研究 [J]. 宁波大学学报（人文社社科版）：2010 (1)：29 – 35.

[65] 凌文昌，邓伟根. 产业转型与中国经济增长 [J]. 中国工业经济，2004 (12)：20 – 24.

[66] 刘丹，闫长乐. 协同创新网络结构与机理研究 [J]. 管理世界，2013 (12)：1 – 4.

[67] 刘冬梅，王书华，毕亮亮，龙开元. 科技创新与中国战略性区域发展 [M]. 北京：中国发展出版社，2014.

[68] 刘凤朝，孙玉涛. 我国科技政策向创新政策演变的过程、趋势与建议 [J]. 中国软科学，2007 (5)：34 – 41.

[69] 刘凤朝，徐茜. 我国科技政策主体合作网络演化研究 [J]. 科学学研究，2012 (2)：241 – 248.

[70] 刘凤朝. 国家创新能力测度方法及其应用 [M]. 北京：科学出版社，2009.

[71] 刘诗白. 推进科技体制机制创新 促进科技进步 [J]. 中国科技奖励，2010 (1)：26 – 27.

[72] 刘曙光．区域创新系统发展模式探析［J］．沿海经贸，2002（12）：14－15.

[73] 刘湘南，黄方，王平．GIS 空间分析原理与方法［M］．北京：科学出版社，2012.

[74] 柳御林．技术经济学［M］．北京：中国经济出版社，1993.

[75] 龙飞，戴昌钧．组织知识创新管理基础的结构方程分析与实证［J］．科学学研究，2010（12）：1869－1875.

[76] 陆国庆．论衰退产业创新［J］．中国经济问题，2002（5）：45－49.

[77] 马海龙．京津冀区域治理协调机制与模式［M］．广州：东南大学出版社，2014.

[78] 马强．科技资源空间分布影响因素的统计检验［J］．统计观察，2011（1）：98－100.

[79] 马永坤．协同创新理论模式及区域经济协同机制的构建［J］．华东经济管理，2013（2）：52－54.

[80] 迈克尔·吉本斯等．知识生产的新模式［M］．北京：北京大学出版社，2011.

[81] 孟庆松，韩文秀．复合系统整体协调度模型研究［J］．河北师范大学学报（自然科学版），1999（2）：177－179.

[82] 倪鹏飞，白晶，杨旭．城市创新系统的关键因素及其影响机制——基于全球36个城市数据的结构化方程模型［J］．中国工业经济，2011（2）：16－23.

[83] 牛方曲，刘卫东．中国区域科技创新资源分布及其与经济发展水平协同测度［J］．地理科学进展，2012（2）：149－155.

[84] 牛树海，金凤君，刘毅．科技资源配置的区域差异［J］．资源科学，2004（1）：61－66.

[85] 欧变玲，龙志和，林光平．空间经济计量滞后模型 Moran 检验的渐近分布［J］．管理科学学报，2011（12）：79－86.

[86] 潘德均．西部地区区域创新系统建设［J］．科学学与科学技术管理，2001（1）：47－51.

[87] 潘松，黄继业．DEA 技术实用教程［M］．北京：科学出版社，2006.

［88］彭纪生，仲为国，孙文祥．政策测量、政策协同演变与经济绩效：基于创新政策的实证研究［J］．管理世界，2008（9）：25－36.

［89］齐绍平，张婧．区域协同创新动力机制研究［J］．求索，2013（2）：230－232.

［90］饶光明，王勇，吴忠俊．内外共生循环的区域科技创新机理［J］．数量经济技术经济研究，2009（1）：130－138.

［91］饶睿，胡河宁．技术扩散过程中的非技术性限制因素分析及对策研究［J］．科技进步与对策，2007（2）：30－33.

［92］邵云飞，谭劲松．区域技术创新能力形成机理探析［J］．管理科学学报，2006（6）：5－15.

［93］沈能，宫为天．我国省区高校科技创新效率评价实证分析——基于三阶段 DEA 模型［J］．科研管理，2013（5）：126－132.

［94］史清琪．国外产业国际竞争力评价理论与方法［J］．宏观经济研究，2001（2）：77－79.

［95］宋河发，穆荣平，彭茂祥．区域创新能力及其基于熵变计算的建设政策研究［J］．科学学研究，2012（3）：372－378.

［96］宋之杰，高敬忠．集群技术创新的连带外部效应分析［J］．经济问题，2006（10）：21－24.

［97］孙久文，姚鹏．京津冀产业空间转移、地区专业化与协同发展［J］．南开学报（哲学社会科学版），2015（1）：88－89.

［98］唐德祥，孟卫东，许雄奇．科技创新投入影响经济增长的内在机制——基于中国实际经济运行的经验证据［J］．数理统计与管理，2009（4）：580－586.

［99］涂俊，吴贵生．三重螺旋模型及其在我国的应用初探［J］．科研管理，2006（3）：75－79.

［100］万坤扬，陆文聪．中国技术创新区域变化及其成因分析——基于面板数据的空间计量经济学模型［J］．科学学研究，2010（10）：158－159.

［101］万勇．创新能力的空间分布及其经济增长效应的实证研究［J］．上海经济研究，2011（4）：36－46.

［102］汪波．区域循环经济发展模式评价及其路径演进研究——以滨海新区

为例［D］．天津大学博士学位论文，2011.

［103］汪传雷，熊月霞，潘珊珊．协同创新研究综述［J］．科技管理研究，2013（18）：27－33.

［104］王奋．中国科技人力资源区域集聚的理论与实证研究［M］．北京：北京理工大学出版社，2008.

［105］王海云，王建华．跨国公司技术溢出问题研究［J］．中国科技论坛，2004（6）：23－27.

［106］王建华．基于国家战略产业发展需求的产学研合作新机制、新模式［J］．中国科技产业，2010（11）：78－90.

［107］王俊松．中国制造业空间格局与企业生产率研究［M］．上海：华东师范大学出版社，2012.

［108］王林生．入世与中国的外资利用——以竞争力为中心的一种观点［J］．南开经济评论，2002（1）：17－21.

［109］王培，刘卫东，陆大道．中国大都市区科技资源配置效率研究——以京津冀、长三角和珠三角地区为例［J］．地理科学进展，2011（10）：1233－1239.

［110］王琦，华夏，刘宏岚．基于DEA的京津冀科技资源绩效评价技术研究［J］．经济研究导刊，2014（7）：76－81.

［111］王庆金，马伟，马浩．区域协同创新平台体系研究［M］．北京：中国社会科学出版社，2014.

［112］王锐淇，张宗益．区域创新能力影响因素的空间面板数据分析［J］．科研管理，2010（3）：17－21.

［113］王珊珊，王宏起．技术创新扩散的影响因素综述［J］．情报杂志，2012（6）：197－200.

［114］王思薇，安树伟．西部大开发科技政策绩效评价［J］．科技管理研究，2010（2）：48－50.

［115］王天骄．中国科技体制改革、科技资源配置与创新效率［J］．经济问题，2014（2）：33－39.

［116］王文岩，孙灵燕．网络经济对国际技术扩散的影响及对我国的启示［J］．经济问题探索，2007（4）：172－175.

［117］王秀芬，马志宏等．基于BP神经网络的多因素城市生活垃圾产量预测模型研究［J］．安徽农业科学，2010（10）：76－81.

［118］王亚伟，韩珂．基于改进模糊综合评价模型的区域科技创新能力评估——以河南省为例［J］．科技进步与对策，2012（13）：119－124.

［119］王志宝，孙铁山，李国平．区域协同创新研究进展与展望［J］．软科学，2013（1）：1－9.

［120］危怀安，聂继凯．协同创新的内涵及机制研究评述［J］．中共贵州省委党校学报，2013（1）：107－112.

［121］魏峰，江永红．安徽省中小企业技术创新效率的评价及影响因素分析［J］．中国科技论坛，2012（8）：100－106.

［122］文魁，刘小畅．基于三螺旋理论的科技创新系统效率研究——以北京市为例［J］．首都经济贸易大学学报，2014（5）：99－104.

［123］文魁，祝尔娟．京津冀发展报告（2015）——协同创新研究［M］．北京：社会科学文献出版社，2015.

［124］邬滋．集聚结构、知识溢出与区域创新绩效——基于空间计量的分析［J］．山西财经大学学报，2010（3）：15－22.

［125］吴传清，刘方池．技术创新对区域经济发展的影响［J］．2003（4）：62－64.

［126］吴二娇．科技创新对经济增长影响的协整分析——以广东省为例［J］．沈阳工业大学学报（社会科学版），2011（1）：46－51.

［127］吴建新．创新与中国经济增长［J］．山西财经大学学报，2007（7）：43－48.

［128］吴江．科技创新与产业转型研究［M］．北京：经济管理出版社，2013（3）：41－47.

［129］吴玉鸣，李建霞．中国区域工业全要素生产率的空间计量经济分析［J］．地理科学，2006（4）：385－391.

［130］仵风清，高利岩，陈飞宇．京津冀科技梯度测度研究［J］．企业经济，2013（2）：171－176.

［131］谢思全等．京津冀科技资源的配置特点及对策研究［J］．科学学与科学技术管理，2006（10）：103－108.

[132] 徐芳，杨国栋．基于知识创新过程的科技政策方法论研究［J］．科学学研究，2013（4）：510－516.

[133] 许爱萍．京津冀科技创新协同发展战略研究［J］．技术经济与管理研究，2014（10）：119－123.

[134] 许庆瑞等．企业技术与制度创新协同的动态分析［J］．科研管理，2006（4）：116－120.

[135] 许正中，王德花．科技财政绩效与创新驱动战略［M］．北京：中国财政经济出版社，2014.

[136] 亚当·斯密．国富论［M］．北京：华夏出版社，2005（1）：23－29.

[137] 杨发庭．绿色技术创新的制度研究——基于生态文明的视角［D］．中共中央党校博士学位论文，2014.

[138] 杨武，王玲．技术创新溢出的乘数效应与加速效应研究［J］．科学学研究，2005（3）：425－428.

[139] 杨耀武，张仁开．我国科技进步与经济发展的协调性评价研究［J］．世界科技研究与发展，2007（1）：100－106.

[140] 余迎新，许立新等．技术创新空间扩散的研究现状与展望［J］．天津工业大学学报，2002（6）：1－6.

[141] 余泳泽，刘大勇．创新要素集聚与科技创新的空间外溢效应［J］．科研管理，2013（1）：46－53.

[142] 鱼金涛．对外商直接投资是产业空洞化的成因吗？［J］．外国经济与管理，1989（2）：38－43.

[143] 俞惠煜，廖明，唐亚林．长三角经济社会协同发展与区域治理体系优化［M］．上海：复旦大学出版社，2014.

[144] 袁庆明．论技术创新制度结构的演进及其原因［J］．南京社会科学，2002（1）：32－37.

[145] 詹姆斯·马奇．马奇论管理［M］．北京：东方出版社，2010.

[146] 詹颂生．论科学技术的负面效应［J］．中共云南省委党校学报，2010（6）：33－37.

[147] 张大维，刘博，刘琪．Eviews 数据统计与分析教程［M］．北京：清

华大学出版社，2010.

［148］张敦富．知识经济与区域经济［M］．北京：中国轻工业出版社 2000.

［149］张凤，李宁，何传启．美英德法日五国的国立科研机构体制［J］．科研管理，1991（1）：79－86.

［150］张钢，徐乾．知识集聚与区域创新网络［M］．北京：科学出版社，2010.

［151］张海洋．外国直接投资对我国工业自主创新能力的影响——兼论自主创新的决定因素［J］．国际贸易问题，2008（1）：75－79.

［152］张换兆，霍光峰，刘冠男．京津冀区域科技创新比较的实证分析［J］．科技进步与对策，2011（2）：43－48.

［153］张积林．科技创新投入与经济增长的动态机制研究［J］．技术经济与管理研究，2013（3）：35－39.

［154］张建伟．技术创新与中国经济转型的理论与实证研究［M］．上海：华东师范大学出版社，2013.

［155］张丽华，林善浪，汪达钦．我国技术创新活动的集聚效应分析［J］．数量经济技术经济研究，2011（1）：3－18.

［156］张美涛．知识溢出、城市集聚与中国区域经济发展［M］．北京：社会科学文献出版社，2013.

［157］张强，彭文英．从集聚到扩散新时期北京城乡区域发展格局研究［M］．北京：经济科学出版社，2012.

［158］张淑莲，胡丹等．京津冀高新技术产业协同创新研究［J］．河北工业大学学报，2011（6）：107－112.

［159］张小菁，张天教．“泛珠三角”区域科技合作模式与机制［J］．经济地理，2007（4）：53－59.

［160］张晓平，陆大道．开发区土地开发的区域效应及协同机制分析［J］．资源科学，2002（5）：16－23.

［161］张亚明，刘海鸥．协同创新博弈观的京津冀科技资源共享模型与策略［J］．中国科技论坛，2014（1）：34－41.

［162］张玉臣．长三角区域协同创新研究［M］．北京：化学工业出版

社，2009.

［163］张志新，孙照吉，薛翘．黄河三角洲区域科技创新能力综合分析与评价研究［J］．经济问题，2014（4）：100－105.

［164］赵大平．政府激励、高科技企业创新与产业结构调整［M］．北京：中国经济出版社，2012.

［165］赵冬初．自主创新与经济发展方式转变［J］．云南社会科学，2009（2）：92－95.

［166］赵建吉，曾刚．创新的空间测度：数据与指标［J］．经济地理，2009（8）：1250－1255.

［167］赵立民．梯度推移与区域经济和谐发展［N］．光明日报，2006－07－31.

［168］赵昕，郑惠．基于向量自回归模型下科技创新与经济增长的协整机制研究［J］．科技进步与对策，2010（5）：10－13.

［169］周春彦，亨利·埃茨科威兹．三螺旋创新模式的理论探讨［J］．东北大学学报（社会科学学报），2008（4）：32－36.

［170］周华东．科技政策研究：嬗变、分化与聚焦［J］．科学学与科学技术管理，2011（11）：5－12.

［171］周寄中，胡志坚，周勇．在国家创新系统内优化配置科技资源［J］．管理科学学报，2002（3）：40－42.

［172］周剑．外资技术溢出机制分析与实证检验［M］．北京：经济管理出版社，2008.

［173］周密．后发转型大国价值链的空间重组与提升路径研究［J］．中国工业经济，2013（8）：70－81.

［174］朱有为，徐康宁．中国高技术产业研发效率的实证研究［J］．中国工业经济，2006（11）：38－44.

［175］朱跃钊，戴书春，陈红喜．协同创新视角下科技型企业技术创新体系的构建研究［J］．科技管理研究，2015（2）：1－4.

［176］Abend，C. Joshua. Innovation Management：The Missing Link in Prouductity［J］. Management Rview，1979（6）：25－30.

［177］Amsden S. Asia's Next Giant：South Korea and Late Industrialization

[M] . Oxford University Press, 1989.

[178] Anna Fazackerley, Martin Smith, Alex Massey. Innovation and Industry: The Role of Universities [R] . Policy Exchangge, 2009 (21): 362 –371.

[179] Annalee Saxenian. Regional Advantage: Culture and Competition in Silion Valley and Roate 128 [M] . Harvard University Press, 1994.

[180] Anselin, L. Spatial Econometrics: Methods and Models [M] . Dordrecht: Kluwer Academic, 1988.

[181] Anselin, L. The Moran Scatterplot as an ESDA Tool to AssessLocal Instability in Spatial Association in Fischer, M. H. Scholten, and D. Unwin Spatial Analytical Perspectives on GIS. London [M] . UK: Taylor and Francis, 1996.

[182] Ansoff H I. Corporate Strategy (revised edition) [M] . London: Penguin Books, 1997.

[183] Asheim B. T. , Isaksen A. Location Agglomeration and Innovation: Towards Regional Innovation Systems in Norway [J] . Europe Planning Studies, 1997 (3): 299 –330.

[184] Aution E. Evaluation of RTD in Regional Systems of Innovation [J] . European Planning Studies, 1998 (2): 131 –140.

[185] Battese, G. E. and Coelli, T. J. A Model for Technical Inefficiency Effects in a Stochastic Frontier Production Functionfor Panel Data [J] . Empirical Economics, 1995 (20): 325 –332.

[186] Blomstrom. Multinational Corporations and Spillovers [J] . Journal of Economic Surveys, 1998 (2): 10 –31.

[187] Brett Anitra Gilbert, Patricia P. McDougall, David B. Knowlegde Spillovers and New Venture Performance: An Empirical Examination [J] . Journal of Business Venturing, 2008 (3): 405 –422.

[188] Buzzell R. D. , Gale B T. The PIMS Principles: Linking Strategy to Performance [M] . New York , London: Free Press, 1987.

[189] Carlsson, Y. Learning about Innovation through Networks: The Development of Environment –friendly Viticulture [J] . Technovation, 2002 (2): 233 –245.

[190] Caves. Foreign Firms´Shares in Canadian and United Kingdom Manufactur-

ing Industries [J]. Review of Economics and Statistics, 1974 (3): 279 -293.

[191] Chesbrough H. W. Open Innovation [M]. Boston, Harvard Business School Press, 2003.

[192] Chesbrough H., Vanhaverbeke W., West J. Open Innovation: Researching a New Paradigm [M]. Oxford: Oxford University Press, 2006.

[193] Christiane H., Ricarda B., Bouncken, B. Intellectual Property Protection in Collaborative Innovation Activities within Services [J]. International Journal of Services Technology and Management, 2009 (3): 273 -296.

[194] Connolly M. The Dual Nature of Trade: Measuring Its Impact on Imitation and Growth [J]. Journal of Development Economics, 2003 (72): 31 -55.

[195] Cooke P, Uranga M. G., Xtxebarria G. Regional Innovation System: Institutional and Organizational Dimensions [J]. Research Policy, 1997 (26): 475 -491.

[196] Cooke P., Uranga M. G., Xtxebarria G. Regional Systems of Innovation: An Evolutionary Perspective [J]. Environment and Planning A, 1998 (3): 1563 -1584.

[197] Cooke P. Introduction: Origins of the Concept [M]. London: UCL Press, 1998.

[198] Cooke P. Regional Innovation System: General Findings and Some New Evidence from Biotechnology Clusters [J]. Journal of Technology Transfer, 1992 (27): 133 -145.

[199] De Propis. Collaborative Innovation in Ubiquitous Systems [J]. International Manufacturing, 2002 (18): 599 -615.

[200] Dubberly H. Toward a Model of Innovation [J]. Interactions, 2008 (1): 28 -34.

[201] Duin H., Jaskov J., Hesmer A., Thoben K. -D. Towards a Framework for Collaborative Innovation [M]. Boston: Springer, 2008.

[202] Edquist, C. The Systems of Innovation Approach and Innovation Policy: An Account of the State of the Art [J]. Technology in Society, 1997 (21): 63 -79.

[203] Elhorst, J. P. Specification and Estimation of Spatial Panel Data Models [J] . International Regional Science Review, 2003 (26): 244 - 267.

[204] Findlay. Issues in Assessing the Contribution of Research and Development to Growth [J] . Bell Journal of Economics, 1978 (1): 578 - 596.

[205] Freeman , C. The Economics of industrial innovation [M] . Penguin , Harmonds worth, 1974.

[206] Freitas. The Formation Mechanism of Regional Technological Innovation Ability [J] . Journal of Management Sciences in China, 2008 (6): 5 - 15.

[207] Fritscha , M. and G. , Frankeb. Innovation, Regional Knowledge Spillovers and R&D Cooperation [J] . Research Policy, 2004 (33): 245 - 255.

[208] Griliches, Z. The Inconsistency of Common Scale Estimators When Output Prices Are Unobserved and Endogenous [J] . Journal of Applied Econometrics, 1996 (4): 89 - 95.

[209] Hagerstrand T. Innovation Diffusion as a Spatial Process [M] . University of Chicago Press, 1967.

[210] Haken H. Synergetics: An Introduction [M] . Berlin: Spring - Verlag, 1983.

[211] Hart, Simmie. Regional economic resilience: A Schumpeterian Perspective [J] . Raumforschung and Raumordnung, 1997 (2): 103 - 116.

[212] Henderson, J. V. Will Homeowners Impose Property Taxes [J] . Regional Science and Urban Economics, 1995 (25): 153 - 181.

[213] Henry Etzkowitz. Academic Industry Relations: A Sociological Paradigm for Economics Development [M] . Harvard Business School Press, 1997.

[214] Hippel. The Sources of Innovation [M] . London and New York: Oxford University Press, 1988.

[215] Huber, George. Synergies Between Organizational Learning and Creativity & Innovation. Creativity & Innovation Management [J], 1998 (1): 3 - 9.

[216] Jadesadalug Ussdhwanitchakit. Enhancing Synergistic Innovative Capability in Multinational Corporations: An Empirical Investigation [J] . Journal of Product Innovation Management, 2005 (22): 412 - 429.

［217］ Jaffe, A B. The Importance of Spillovers in the Policy Mission of Advanced Technology Program ［J］. Journal of Technology Transfer, 1998 (2): 11 –19.

［218］ Jaffe, A. B. Real Effects of Academic Research ［J］. American Economic Review, 1989 (79): 957 –971.

［219］ Jing Park. Dispersion of Human Capital and Economic Growth ［J］. Journal of Macroeconomics, 2006 (28): 520 –540.

［220］ Jones, L, P Sajong, I. Issues in Assessing the Contributions of Research-and Development to Productivity Growth ［J］, Bell Journal of Economics, 1979 (10): 92 –116.

［221］ Kavita Mehra. Indian System of Innovation in Biotechnology: A case Study of Cardamom ［J］. Technological Innovation, 2001 (21): 15 –23.

［222］ Kavita Mehra. Indian System of Innovation in Biotechnology – A Case Study of Cardamom ［J］. Technovation, 2001 (21): 15 –23.

［223］ Keld Lauren, Toke Reichstein, Ammon Salter. Exploring the Effect of Geographical Proximity and University Quality on University – Industry Collaboration in the United Kingdom ［J］. Regional Studies, 2009 (9): 1 –17.

［224］ Keller, W. Geographic Localization of International Technology Diffusion ［J］. American Economic Review, 2002 (92): 120 –142.

［225］ Komoda. Policy Implications of the Globalization of Innovation ［J］. Journal of chromatography, 1986 (1): 53 –58.

［226］ Kumbhakar, S. C. and Lovell C. Stochastic Frontier Analysis ［M］. New York: Cambridge University Press, 2000.

［227］ Kuznets, S. Economic Growth of Countries ［M］. Beijing: Commercial Press, 1985.

［228］ Loet Leydesdorff. The New Communication Regime of University, Industry and Government Relations ［M］. New York, The Free Press, 1997.

［229］ Lucas, R. E. On the Mechanics of Economic Development ［J］. Journal of Monetary Economics, 1988 (1): 284 –343.

［230］ Lucas, R. E. On the Mechanism of Economic Development ［J］. Journal of Monetary Economics, 1988 (22): 3 –22.

[231] Lucas, R. E. On the Mechanism of Economic Development [J]. Journal of Monetry Economics, 1986 (22): 3-22.

[232] Mac Dougall. Welfare Impacts of Foreign Direct Investment [M]. Economics Record , 1960.

[233] Malecki E J. Federal R. and D. Spending in the United States of America: Some Impacts on Metropolitan Economics Regional Studies, 1982 (16): 19-35.

[234] Meijers. Leading the Process of Reculturing: Roles and Actions of School Leaders. Journal of Applied Econometrics, 2007 (16): 347-351.

[235] Moran, P. A. P. Notes on Continuous Stochastic Phenomena [J]. Biometrika, 1950 (37): 445-462.

[236] Neelankavil J. P. , Alaganar V. T. Strategic Resource Commitment of High-technology Firms an International Comparison [J]. Journal of Business Research , 2003 (6): 493-502.

[237] Nelson, Winter. Open Innovation [M]. Boston: Harvard Business School Press, 1982.

[238] Paul R. Krugman. Model of Innovation, Technology Transfer, and the World Distribution of Income [J]. Journal of Political Economy, 1979 (2): 253-266.

[239] Peter Gloor. Academic Entrepre neurship at Belgium University [J]. R&D Management, 1988 (4): 77-91.

[240] Pinto H. , Guerreiro J. Regional Planning and Latent Dimensions: The Case of the Algarve Region [J]. The Annals of Regional Science, 2010 (2): 315-329.

[241] Ponds, R. , F. V. Oort and K. Frenken . Innovation, Spillovers and University-Industry Collaboration: An Extended Knowledge Production Function Approach [J]. Journal of Economic Geography, 2010 (10): 231-235.

[242] Porter M. , Stern S. Measuring the "Ideas" Production Function: Evidence from International Patent Output [M]. New York: NBER7891, 2000.

[243] Porter. Clusters and the New Economics of Competition [J]. Harvard Business Review, 1998 (6): 77-90.

[244] Posner. National trade and Technological Change [J] . Oxford economics sciences, 1961 (10): 238 -240.

[245] Raymond Vernon. Product Cycle in Iinternational Investment and International Trade [J] . Review of Economic Studies, 1966 (62): 381 -390.

[246] Riddle M. , Schwer R. K. Regional Innovative Capability with Endogenous Employment: Empirical Evidence from the USA [J] . The Review of Regional Studies, 2003 (1): 73 -84.

[247] Rogers, E. M. Diffusion of innovations [J] . New York: Free Press, 1995.

[248] Romer P. M. Increasing Returns and Long - Run Growth [J] . Journal of Political Economy, 1986 (14): 1002 -1037.

[249] Romer, Paul M. Endogenous Technological Change [J] . Journal of Political Economy, 1991 (98): 71 -102.

[250] Romer, P. Endogenous Technological Change [J] . Journal of Political Economy, 1990 (98): 71 -102.

[251] Romer, P. Increeasing Return and Long - Run Growth [J] . Journal of Political Economy , 1986 (94): 1002 -1026.

[252] Saito. Political Economy of International Technology Transfer [J] . Foreign Economics and Management, 1986 (10): 67 -74.

[253] Schumpeter, J. The Theory of Economic Development [M] . Harvard University Press, 1912.

[254] Schumpeter, J. The Theory of Economic Development [M] . Harvard University Press, 1912 (5) 67 ~75.

[255] Scott A. J. Regions and Word Economy, the Shape of Global Production, Comepetition and Political Order [M] . Oxford University Press, 1998.

[256] Sheri M. Markose. Novelty in Complex Adaptive Systems (CAS) Dynamics: A Computational Theory of Actor Innovation [J] . Physica A, 2004 (34): 41 -49.

[257] Singhal, A. , Rogers, E. M. Entertainment Education: A Communication Strategy for Social Change. Mahwah [J] . NJ: Lawrence Erlbaum Associates, 1999

(5): 125 - 131.

[258] Temela T., Janssen W., Karimov F. Systems Analysis by Graph Theoretical Techniques: Assessment of the Agricultural Innovation System of Azerbaijan [J]. Agricultural Systems, 2003 (77): 91 - 116.

[259] Tidd J., Izummoto Y. Knowledge Exchange and Learning through International Joint Ventures [J]. Techovation, 2001 (3): 56 - 71.

[260] Wiig, H. What Comprises a Regional Innovation System? An Empirical Study, Regional Association Conference [J]. Regional Futures, Gothenburg, Sweden, 1995 (5): 6 - 9.

[261] Williams, F., Rice, R. E., Rogers, E. M. Research methods and the New Media. New York: Free Press, 1998.

[262] Zabala itur R. Iagagoitia J. M., Gutier Rezgr Acia V. P. A., Saez F. J. Regional Innovation Systems: How to Assess Performance [J]. Regional Studies, 2007 (5): 661 - 672.

后　记

本书是我近年来围绕京津冀区域创新研究积累而形成的成果。回首过往，感慨良多。区域经济发展的根本动力源自于创新。京津冀协同发展战略目标之一是建设成为全国创新驱动经济增长的新引擎，对全国经济社会发展起到引领和支撑作用。该目标的实现主要取决于能否将区域科技富集优势转化成产业竞争优势、最大限度释放科技创新的效应，形成区域协同创新的发展格局。基于此背景下，本书制定了“三步走”的研究计划：第一步，重点探讨科技创新效应的形成机制和维度划分；第二步，构建京津冀科技创新效应的理论框架和测评方法；第三步，提出京津冀科技创新效应的体制机制和政策框架。最终形成以《京津冀科技创新效应与机制保障研究》为书名出版。可以说，本书也是对我博士学习和近年来课题研究的最好诠释，尤其是在写作和修改的过程中，得到众多老师和朋友的支持与帮助，在本书即将付梓之际，感激之情油然而生。

首先，衷心感谢我的恩师祝尔娟教授的谆谆教导和大力支持。她知识渊博、治学严谨、思维缜密的学术品质使我受益匪浅。在本书的写作过程中倾注了大量的心血，每一环节都离不开她的精心指导和耐心帮助。感谢首都经济贸易大学的安树伟教授、张强教授、张贵祥教授、叶堂林教授和中国人民大学孙久文教授、中国科学院董锁成教授等在书稿撰写中给予的悉心指导和关切。

感谢我的家人对我默默的支持和无私的奉献，特别是我的妻子李佳，正是由于你们的鼓励和理解才使书稿顺利完成。

最后，感谢经济管理出版社总编室何蒂副主任及编校人员为书稿出版的鼎力支持和所付出的辛勤劳动。

本书是“站在巨人肩膀上”完成的，在写作过程中参考吸收了国内外众多相关领域的研究成果，对这些专家和学者一并表示感谢和致敬。本书虽然是我多年研究成果的总结，由于时间仓促，水平有限，其中难免会有疏漏和缺陷，敬请广大读者或同行批评与指正。

鲁继通

2017 年 1 月 1 日于北京